金融の証券化と投資家保護

金融の証券化と投資家保護

―― ドイツ投資信託からの法的・経済的示唆 ――

山田剛志著

信山社

はしがき

　本書は大学院博士課程入学以来、ドイツ投資信託に関して、わが国の法律・経済制度と比較・研究した論文をまとめたものである。ただ単純にドイツ投資信託を紹介検討するだけでなく法的・経済的な検討を加えるとともに、わが国の金融の発展——特に金融の証券化（Structured Finance）——に伴う諸問題の解決に、ドイツ投資信託——より広く資本投資（Kapitalanlage）——の観点から、考察を加えたものである。

　ドイツ投資信託は、契約型投資信託が中心であった。近年わが国やドイツでも会社型の投資信託が解禁されたが、依然として契約型がその中心である。従ってわが国における投資信託をはじめとする金融証券化についてドイツに関する比較法的考察を行うのは、会社型投資信託（Mutual Fund）が中心であった米国よりも、かなり整合性が高い。

　近年わが国でも金融派生商品と並んで、金融の証券化にも注目が集まっている。不動産の証券化や特定目的会社（SPC）を活用したファイナンスが活用され始めている。不動産の証券化に関して、不動産共同投資法が存在しているが、とくに一般投資家に対し同法に基づく商品が販売されていない。この原因はどこにあるのか。また近年わが国でも投資信託の対象に不動産が加えられたが未だ緒についた段階であり、同じ契約型のドイツ投資信託を検討することが非常に示唆を与えるものである。

また、金融商品販売に際してわが国でも金融機関の説明義務が問題となっている。顧客と金融機関のトラブルがバブル崩壊後頻発している。特にわが国でも銀行における投資信託販売が解禁され、リスク商品の販売が始まっている。ドイツでは歴史的に投資信託販売に関して IOS（Investors Overseas Service）社による投資信託販売などのような詐欺事件が頻発しており、その後のドイツ人の投資行動に影響を与えたと言われている。

　ドイツはその様々な背景から、金融の証券化に関しても独自の視点から発展を遂げており、当該背景知識なしには単純にわが国の法律・経済制度と比較は出来ない。例えば、ドイツでは間接金融が圧倒的優位で、投資家は銀行預金以外ほとんど投資商品がなかった。また株式についても、ドイツでは株式会社制度が余り一般的ではなく、その意味でも株式自体が余り多くなかった点等を指摘した。このように本書では可能な限りその背景等にも言及し、研究したつもりである。

　統一 EU 市場において、ドイツ型のユニバーサル・バンク制度（つまり最も制約が少ない制度）が採用され、経済強国であったドイツの法制度が大きな影響力を持つのは間違いない。しかしながら米国に比してドイツの金融制度法制について、特に投資信託については専門家の手により従来それほど盛んにわが国で研究されてきたとはいえない。本書が多少なりとも問題点を明らかにする際に役に立てれば望外の幸せである。

　またささやかではあるが本書が世に出ることが出来たのは、諸先生をはじめ皆様方のお蔭である。新潟大学法学部教授小島康裕先生からは学部時代から御指導を賜り、この世界に入るきっかけを作っ

はしがき

ていただいた。一橋大学法学部教授石原全先生には、大学院博士課程以来貴重な御指導を賜っている。また、長崎大学経済学部教授相澤幸悦先生からは、このテーマを頂くと同時に証券経済学会において貴重な御指導を頂いている。新潟大学法学部教授泉田栄一先生からは、本書を刊行するにあたり御紹介を頂いた。また信山社袖山貴氏、戸ヶ崎由美子氏には出版情勢厳しい中刊行の機会を頂いた。他にもたくさんの皆様方のご支援を頂いて刊行することが出来たことは、身に余る光栄である。未だ浅学非才の身を恥じるとともに、今後とも研究を深めて諸先生方の学恩に少しでも報いる所存である。最後に私のゼミの代表として近藤正臣君及び河谷淳史君には校正をはじめ、索引作成などに協力してもらった。両君をはじめとするゼミの学生諸君が今後活躍するのを祈念しつつ、感謝する次第である。

2000 年 7 月

山 田 剛 志

目　次

はしがき ……………………………………………………………………v

第1章　銀行業務と投資信託業務の利益相反問題 …………1

　　　問題の背景（1）

　1　信用制度法によるユニバーサル・バンクと投資信託 ……………………………………………………………………2

　　（1）現行金融制度の法制度上の特徴（2）

　　（2）ドイツにおける現行の投資信託制度（5）

　2　投資会社の歴史と投資会社法KAGG制定前の状況 ……………………………………………………………………8

　　（1）第2次大戦前のドイツの投資信託の状況と投資会社の役割（8）

　　（2）投資会社設立前のドイツの状況（14）

　　（3）日本の証券会社及び証券投資信託委託の独立性（16）

　3　投資会社法の制定及び大銀行の投資会社設立 ……19

　　（1）第2次大戦後の投資信託の発達と大銀行の子会社設立（19）

　　（2）投資会社法KAGGの制定（20）

　　（3）現在のドイツにおける投資会社の状況（24）

viii

4　現行の投資信託制度の問題点と投資家保護の必要
　　　　性 ………………………………………………………27

第2章　投資顧問業と私募投資信託 …………………………31

　　問題の背景 (31)

　　1　スペシャル・ファンドの歴史的背景 ………………33
　　　　(1) 創設段階 (1968年〜1978年) (33)
　　　　(2) さらなる発展段階 (1978年〜1989年) (37)
　　　　(3) 90年代における最終的なスペシャル・ファン
　　　　　　ド (1990年〜) (39)
　　2　ドイツ・スペシャル・ファンドの実際 ……………42
　　　　(1) 有価証券スペシャル・ファンドに関する投資家
　　　　　　保護 (42)
　　　　(2) スペシャル・ファンドの実際
　　　　　　――外国投資家向けファンドを題材として (47)
　　　　(3) 不動産スペシャル・ファンドの特徴 (49)
　　3　わが国の金融ビッグバンと私募投資信託 (53)

第3章　非公開会社（ベンチャー企業など）の新たな資金
　　　　調達 …………………………………………………53

　　問題の背景 (53)

　　1　参加持分投資信託ファンド (Beteiligungsfond)
　　　　の法的構造 ……………………………………………58
　　　　(1) 参加持分投資信託ファンド (Beteiligungs-

　　　　　　　　fond) とは何か (*58*)
　　　　(2) 参加持分投資信託ファンドと類似の機能を有する機関 (*64*)
　　2　参加持分投資信託ファンド創設の背景と労働者の資本参加 (kapitalbeteilingung) ……………………*67*
　　　　(1) 第2次財産参加法制定の背景 (*67*)
　　　　(2) 第2次財産参加法の立法目的及び概要 (*69*)
　　3　匿名組合による資金調達と資本参加 ……………*72*
　　　　(1) 匿名組合による参加の法的構造の変化 (*72*)
　　　　(2) 典型的な匿名組合と非典型の匿名組合 (*75*)
　　4　参加持分投資信託ファンドと資金仲介機関 ………*78*
　　　　(1) 参加持分投資信託ファンドの特徴 (*78*)
　　　　(2) 新たな資金仲介機関(金融仲介機関)としての投資信託の可能性 (*79*)

第4章　不動産共同投資と投資家保護 ……………………*83*

　　問題の背景 (*83*)
　　1　ドイツ公開不動産ファンドの実際 ………………*85*
　　　　(1) 公開不動産ファンドの現状
　　　　　　――Despafond を中心に (*85*)
　　　　(2) 公開不動産ファンドの検討 (*93*)
　　2　わが国の不動産特定共同事業法と投資信託 ………*94*
　　　　(1) わが国の不動産特定共同事業法による不動産投資 (*94*)

　　　　(2) 不動産共同投資に対するドイツ法からの法的示
　　　　　唆と検討（99）

第5章　外国投資持分販売と投資詐欺 …………………105
　　　問題の背景（105）
　　1　IOS 社の設立と IOS 危機 …………………………108
　　　　(1) IOS 社の設立とオフショア投資信託（108）
　　　　(2) IOS 危機と IOS 社が失敗した理由（111）
　　2　ドイツにおける IOS 事件 …………………………117
　　　　(1) IOS 社進出の背景（117）
　　　　(2) IOS 社の販売活動とその爆発的拡大（119）
　　　　(3) IOS 社の崩壊（123）
　　3　ドイツにおける外国投資持分販売と外国投資会社
　　　　法の制定 ………………………………………126
　　　　(1) 外国投資会社法の制定（126）
　　　　(2) 外国投資会社法による規制と特別法上の目論見
　　　　　書責任（130）
　　4　投資信託販売と投資詐欺 …………………………132

終　章　ユーロ導入とドイツ投資信託の展開
　　　──第3次資本市場振興法による投資信託の改革と将来──
　　　　　　　　　………………………………………135
　　　問題の背景（135）
　　1　ドイツ投資信託の現況

xi

　　　　──金融市場ファンドと第2次資本市場振興法 ……*136*
　2　EU通貨統合及び第3次資本市場振興法による投
　　　資信託の改革 ……………………………………*138*
　　　　(1) 有価証券・不動産混合ファンドと不動産組合に
　　　　　 対する出資（*138*）
　　　　(2) 高齢化対策ファンド（*141*）
　　　　(3) 投資信託ファンド（*143*）
　　　　(4) 会社型投資信託（*145*）
　3　ドイツ投資信託の将来 ………………………………*146*

初出一覧（巻末）
事項索引（巻末）

第1章　銀行業務と投資信託業務の利益相反問題

問題の背景

　わが国では金融ビッグバンが最終段階を迎えている。また金融制度改革は世界的な流れであり、銀行・証券分離政策をとる米国でも、銀行・証券分離を定めたグラス・スティーガル法 (Glass-Steagall Act) が廃止された[1]。ＥＣの統一市場においても、ドイツ型のユニバーサル・バンク制度が採用され[2]、銀行本体での証券業務が認められている。

　一方投資信託についても、その発行残高の故に、もしくは一般大衆の利用できる貯蓄手段として注目が集まっているが、制度改革の議論に関連して米国の投資信託の販売について問題が指摘されている。本章ではもし金融制度改革の一貫としてユニバーサル・バンク制度が採用された場合に、ユニバーサル・バンク業務と投資信託業務との間にどの様な問題が生ずるか。その点をドイツの状況を調べることにより明らかにしたい。その問題に関してドイツでは投資信託業務において投資会社 (Kapitalanlagegesellschaft) が重要な役割を果たすが、本章においては投資会社は歴史的に何故作られたのか、

---

1) 藤田友敬「海外金融法の動向・アメリカ」『金融法研究』16号109頁以下参照。
2) EC第2次銀行指令 EC Council Directive 89/646/EEC 参照。なお第2次指令の内容等の解説については、多数の邦文の文献がある（例えば、相沢幸悦『ＥＣの金融統合』（東洋経済新報社、1990年））。

実際どの様な働きをしているか、また投資の対象を決定する際に何が重要であるか等を明らかにする。そして投資家保護の観点からドイツ投資信託制度の問題点を指摘する。ユニバーサル・バンク制度を採用するドイツにおける投資信託業務とユニバーサル・バンクとの関係を調べ、特に投資家保護の観点からどのような問題があるかを考察する。

1 信用制度法によるユニバーサル・バンクと投資信託

（1） 現行金融制度の法制度上の特徴

周知の通り、ドイツにおける銀行・金融制度はいわゆるユニバーサル・バンク制度である。信用制度法1条によると、ユニバーサル・バンクの業務範囲は、預金業務（Einlagengeschäft）、与信業務（Kreditgeschäft）、割引業務（Discontgeschäft）、証券業務（Effektengeschäft）、寄託業務（Depotgeschäft）、投資業務[3]（Investmentgeschäft）、保証業務（Garantiegeschäft）、振替業務（Girogeschäft）等と

---

[3] 信用制度法1条1項6号によると、銀行の業務範囲は以下の通りである。
　第1条　金融機関とは、銀行業務を営む企業（Unternehmen）であり、銀行業務とは以下に掲げるものをいう。
　……1〜5（省略）。
　6　投資会社法により規定されている業務（投資業務）。
　以下略。
　また投資会社法1条1項によると、投資業務とは、「会社に預けられた資金を、危険分配の原則に従い、自己の名前で払込人の共同計算により、有価証券、土地及び地上権に対して自己の財産と区別して投資すること、並びに払込者に対して持分証券（Anteilschein）を発行すること」である。

第1章　銀行業務と投資信託業務の利益相反問題

されている。すなわち金融機関（Kreditinstitute）であって、本体であらゆる金融業務をなしうるのがユニバーサル・バンクである[4]。

このユニバーサル・バンクに対しては、様々な利点が指摘されている。第1に顧客に対し様々な金融商品を同一店舗内で提供できること、第2にいわゆる規模の経済（Economies of Scale）と多角化の経済（Economies of Scope）のメリットが生じ易いことが挙げられる[5]。

一方日本及び米国のいわゆる銀行証券分離の金融制度を採用する国々においては、金融自由化の進展や資金需要の変化、及び金融の証券化などの様々な要因により、日本の都市銀行や地方銀行などの普通銀行及び米国の商業銀行（Commercial Bank）は、証券業務進出を希望している。その際に当該銀行は、証券業進出の理由として、前述のようなユニバーサル・バンクのメリットを指摘している。

他面ユニバーサル・バンクには、様々な欠点もまた指摘されている。第1にユニバーサル・バンク制度における利益相反（Interessenkonflikte im Universalbankensystem）[6]、第2に金融界における権

---

[4] ユニバーサル・バンクを広義と狭義に分け、本体で全ての金融業務を営業できる金融機関を狭義のユニバーサル・バンクとし、本体以外の子会社で全ての業務を営む形式のものを広義のユニバーサル・バンクと呼ぶ見解として、相澤幸悦「ユニバーサル・バンクとグループバンキングについて」『証券研究』96巻145頁以下参照。

[5] 相澤幸悦『ユニバーサル・バンク』（日本経済新聞社、1989年）25〜26頁参照。

[6] Vgl. Bericht, *der Studienkommission „Grundsatzfragen der Kreditwirtschaft"*, Bonn, 1979, SS.7-12（以下GFKと略記）．なお、前記の文献は、いわゆるゲスラー報告と呼ばれる（西）ドイツの銀行構造委員会（Banken Strukturkommission）の報告書であり、同委員会は、Herstatt-Bank KGaAに代表される一連の銀行倒産（Bankrott der Kreditinstituten）に関連して、ユニバーサル・バンク制度の是非について報告をまとめた。

力の蓄積と濫用（Machthäufungen und Machtmissbrauch in der Kreditwirtschaft)[7]、第3に多業種併営による銀行の影響力の累積（Kumulierung des Einflusses der Banken)[8]等が挙げられる。

　当然ながら全ての銀行がユニバーサル・バンク業務を営んでいるわけではない[9]。ドイツの銀行は大きくユニバーサル・バンクのグループと専門金融機関（Spezialbanken）に分けられ、後者は更に不動産金融機関、賦払金融機関（Teilzahlungskreditinstitute)、及びその他の金融機関に分けられる。このうち投資会社（Kapitalanlagegesellshaft）は、その他の金融機関に含まれる。具体的にどの銀行がユニバーサル・バンクであるかというと、いわゆる3大銀行（ドイツ銀行（Deutsche Bank）、ドレスナー銀行（Dresdner Bank）、コメルツ銀行（Commerzbank））並びに抵当銀行（Hypotheken-bank）の中のバイエルン・フェライン銀行（Bayerische Verein Bank）およびバイエルン抵当為替銀行（Bayerische Hypotheken-und WechselBank）である。しかし3大銀行といえども、抵当不動産業務は営んでいない。信用制度法によれば、営業可能なのであるが、顧客保護及び利益相反防止のための措置であるといわれている[10]。

　投資会社についても同様のことがいえるのであるが、これについては次節2（2）にて改めて述べる。

---

7)　Vgl. GFK, *a.a.O.*, SS.12-19.
8)　Vgl. GFK, *a.a.O.*, S.20 f.
9)　熊野剛雄「西ドイツの金融制度の概要」日本証券経済研究所編『西ドイツの金融・証券制度』（日本証券経済研究所、1984年）5頁以下参照。
10)　熊野・前掲書16〜20頁参照。

第1章　銀行業務と投資信託業務の利益相反問題

（2）　ドイツにおける現行の投資信託制度の概況

現在ドイツ国内で営業されている投資信託は、いわゆるオープン・エンド原則を採用した契約型の投資信託である[11]。即ちドイツでは米国と異なり、会社型の投資信託ではなく、日本と同じ契約型の投資信託である。従って、ドイツでは、投資会社は大衆投資家から集めた資金を特別財産（Sondervermögen）として、自己の財産から分離して保管しなければならない（投資会社法（Kapitalanlagegesellshaftengesetz）1条及び6条。以下 KAGG と略記する）。そしてこの特別財産を運用するのが投資会社（Kapitalanlagegesellshaft）であり、実際に管理するのが受託銀行（Depotbank）である。この点は、日本における投資信託の構造と共通している[12]。

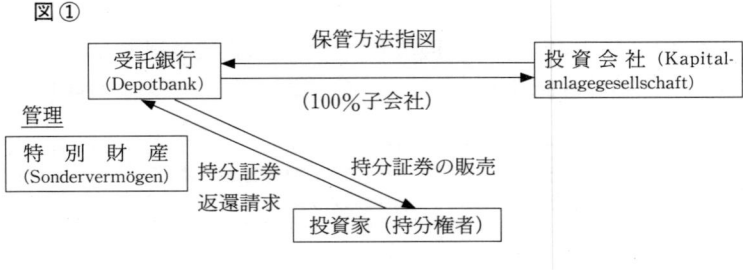

図①

---

11) J. Baur, *Investmentgesetz, Kommentar zum Gesetz über Kapitalanlagegesellshaften und zum Gesetz über den Vertrieb ausländer Investanteil*, 1970, S.9 ff.

12) ドイツの投資会社は、日本における投資信託委託会社に相当する。証券投資信託法12条によると、ドイツにおける受託銀行（Depotbank）に対応して、日本には投資信託委託会社から指示を受けて、集めた資金や買付けた有価証券等の管理を行う受託銀行の制度が存する。我が国では信託銀行がこの業務を行う。ドイツの投資信託の基本的な仕組みは図①の通りである。

5

この特別財産における持分権（Anteilrecht）が、持分証券（Anteilscheine）という有価証券に化体されユニバーサル・バンクを通じて、大衆投資家に販売されるのである[13]。この持分証券は、我が国では投資信託における受益証券に相当する。

　投資会社は、こうして集められた資金を特別財産としてプールしておき、様々な投資対象に対してそれぞれの投資目的に合致するように投資をする。その投資対象により特別財産を分類すると次のようになる[14]。即ち有価証券特別財産（Wertpapier-Sondervermögen）（KAGG 8条以下）、参加特別財産（Beteiligungs-Sondervermögen）（KAGG 25 a条以下）及び不動産特別財産（Grundstücks-Sondervermögen）（KAGG 26条以下）の3つのほかに、1994年にいわゆる第2次金融市場促進法（Zweite Finanzmarktförderungsgesetz）により、我が国のMMFに相当する金融市場ファンドの組成が認められた[15]。

　また有価証券特別財産は、従前は対象をドイツ証券取引所

---

13) H.D. Assmann, und R. Schütze, *Handbuch des Kapitalanlagerechts,* S.547-558（Baur）．この点については、日本生産性本部・ヨーロッパの投資信託（1965年）等いくつかの邦語文献にも同様の記述がある。特に新井誠「ドイツ法制」落合誠一編『比較投資信託法制研究』（有斐閣、1996年）145頁以下が詳しく論じている。

14) Krimprove, *Das Zweite Finanzmarktförderungsgesets* JZ 1/1994, S. 27.ff.によれば、ドイツ議会では第2次金融市場促進法（Zweite Finanzmarktförderungsgesetz）が審議され、可決された。また „Reine Geldmarktfonds werden zugelassen" „Börsenzeitung" vom 11, Mai, 1994 によれば、同法により、それまでドイツ国内では認められていなかったわが国のMMFに相当する金融市場ファンド（Geldmarktfond）の創設が認められた。

15) 参加持分特別財産の機能としては、一言でいうとベンチャー・キャピタル・ファンドである。このファンドについては、拙稿「非公開会社における新たな資金調達の可能性について」『信託』181号14頁以下。なお、本書第3章を参照。

第1章　銀行業務と投資信託業務の利益相反問題

(Börse) 等に上場されている有価証券に限っていたが、第3次資本市場振興法により投資対象が大幅に拡大し、様々な金融派生商品 (Derivate) に対しても投資可能となった (KAGG 8 d 条以下)。それに対し参加特別財産は、第5財産形成法の一貫として勤労者に新たな投資機会を提供するために作られたものであり、1986年の法律改正により新たに認められたファンドである。これは特別財産を匿名持分 (Stille Beteiligung) として間接的に企業に融資をするものである。この特別財産は発行市場を利用できない企業の持分に限定されており[16]、企業の側にも新たな資金調達の道をもたらしたものである。

その他不動産特別財産も存するが、この特別財産は土地以外に様々な土地類似の権利に対しても投資を行っており、通常の有価証券投資とは別に不動産投資のみを行っている投資会社も存在する[17]。

またそのほかに第3次資本市場振興法により、いくつかのファンドが創設された。その1つが、従前は明文での規定は存在しなかった有価証券・不動産混合ファンド (Gemischte Wertpapierund Grundstücksfonds) (KAGG 37 a 条ないし 37 g 条)、及び投資信託持分ファンド (Investmentfondsanteilfonds) 並びに高齢化対策ファンド (Altersvorsorgefonds) が創設された (具体的内容に関しては終章で検討する)。

さらにドイツの投資信託の中には、通常の証券投資信託である公開ファンド (Publikumsfonds) の他に、わが国で1998年12月に解禁された私募ファンドに相当する持分者が少数しか存在しないスペ

---

16)　Assmann und Schütze, *a.a.O.*, S.534-535 (Baur).
17)　詳細は、拙稿「不動産共同投資と投資信託——ドイツの不動産ファンドを中心として——」『信託法研究』22号21頁以下。なお、本書第4章を参照。

シャル・ファンド（Spezialfonds）が存在する。スペシャル・ファンドとは、「持分証券が、投資会社との合意に基づき、自然人でない10人未満の持分所持人により保有される特別財産であり、投資会社は持分証券を投資会社の同意を得たときのみ持分所持人に移転されるもの」である（KAGG1条2項）。この規定は1990年改正で設けられたものである。しかし結果としてこの規定は事実として存在していたスペシャル・ファンドを法的に承認したに過ぎなかった。つまり機関投資家のために、KAGGが改正される前から事実としてスペシャル・ファンドが存在していたのである。現在このファンドは税法上の優遇措置等の原因により、公開ファンドをやや上回る規模にまで発展している[18]。なおこのファンドを利用しているのは、60%が保険会社、30%が年金基金、そして残り10%が各種財団である。

2　投資会社の歴史と投資会社法KAGG制定前の状況

（1）　第2次大戦前のドイツの投資信託の状況と投資会社の役割

1では、現在のドイツにおける金融制度及び投資信託制度の概況を見てきたが、ドイツにおける投資信託は投資会社（Kapitalanlagegesellschaft）を中心に営業されている。ではドイツにおいて、投資信託業務及び投資会社はどの様に発展してきたのであろうか。

---

[18]　パブリック・ファンド及びスペシャル・ファンドの規模、ならびにパブリック・ファンドにおけるそれぞれのファンドの規模については、後掲の**別表①**及び**別表②**参照。

第1章　銀行業務と投資信託業務の利益相反問題

　一般にドイツの投資会社の歴史的な発生起源としては、1923年に設立されたツィケルシェ資本組合（Zickertsche Kapitalverein）とされ、従って投資信託の発生国であるイギリスと比較すると約半世紀遅れることになったとされている[19]。

　しかし、バウアー（Baur）によると、歴史的にはすでに1871年にライン・ヴェストフェーリシェ・インダストリー（Rheinisch-Westfälishe Industrie）株式会社、及びベルギー・マルキッシュ・インダストリー会社（Bergisch-Markische Industrie-Gesellschaft）が設立され、さらに1897年にはハノーヴァー産業会社（Hannoversche Gesellschaft für industrielle Unternehmen）が設立されており、これらの企業は広義の投資会社に含まれると解されている[20]。

　しかし、これらの会社は投資会社としては不十分であり、現在の投資会社の原形として考えるには、多少の疑問がある。なぜなら投資家から集めた資金を、専門家が特定の投資対象により運用する際には、リスク回避のために危険分配の法則（Prinzips der Risikoverteilung）の考え方が不可欠であるのに、当該会社においては未だこの原則が確立していなかった[21]からである。しかしながらドイツにおいても、とりわけ19世紀末にはすでに、不十分ではあるが投資信託の萌芽があった事は特筆されるべきである。

　その後危険分配の法則を含む投資理論が初めて採用されたのは、

---

19) いくつかの文献の中でこのような記述がみられる（例えば、山下・前掲論文275頁参照、河田・前掲論文6頁参照、小川昌英「西ドイツの投資信託の現状」『投信月報』299号6〜7頁参照）。
20) Vgl. J. Baur, *a.a.O.*, S.75.
21) Vgl. Baur, *a.a.O.*, S.75.

9

別表①　ドイツ投資信託のファンド財産の設定数

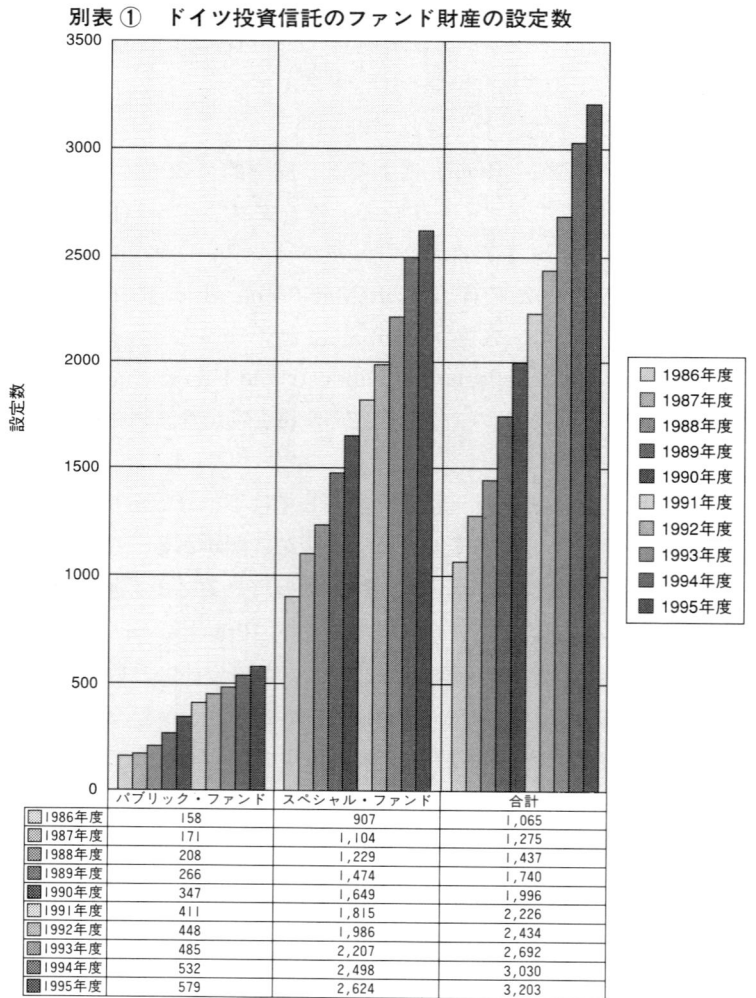

	パブリック・ファンド	スペシャル・ファンド	合計
1986年度	158	907	1,065
1987年度	171	1,104	1,275
1988年度	208	1,229	1,437
1989年度	266	1,474	1,740
1990年度	347	1,649	1,996
1991年度	411	1,815	2,226
1992年度	448	1,986	2,434
1993年度	485	2,207	2,692
1994年度	532	2,498	3,030
1995年度	579	2,624	3,203

出典：BVI, *Investment* 96, S. 62

第1章 銀行業務と投資信託業務の利益相反問題

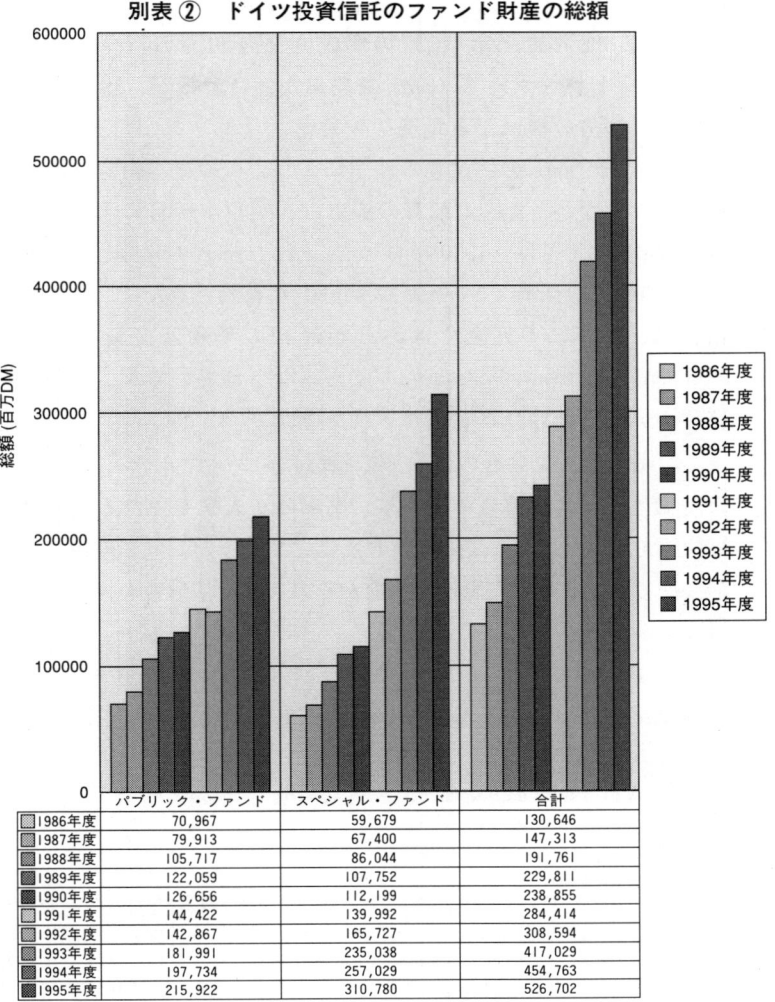

別表② ドイツ投資信託のファンド財産の総額

	パブリック・ファンド	スペシャル・ファンド	合計
1986年度	70,967	59,679	130,646
1987年度	79,913	67,400	147,313
1988年度	105,717	86,044	191,761
1989年度	122,059	107,752	229,811
1990年度	126,656	112,199	238,855
1991年度	144,422	139,992	284,414
1992年度	142,867	165,727	308,594
1993年度	181,991	235,038	417,029
1994年度	197,734	257,029	454,763
1995年度	215,922	310,780	526,702

前述の1923年のツィケルシェ資本組合においてである。この資本組合は、1928年末には1,532の構成員と約30万の持分により約300万ライヒス・マルク（RM）を集めたとされるが、1929年から始まった経済危機による相場の大暴落、ベルリン銀行会社（Berliner Bank-Firma）の倒産等の理由により、この資本組合は清算されねばならなかった[22]。清算の際には、同資本組合によって投資された有価証券は、1930年に設立されたドイツ有限登録組合（Deutschen Investment-Vereine Gen.mH）に移管された[23]。この登録組合は、同時に不完全ではあるが最初の不動産投資会社（Immobilieninvest-mentgesellshaften）ともみなされているが、軽率な投資政策が原因で1931年に清算された[24]。

この時代の投資会社の法形態の特徴は、ツィケルシェ（Zickertsche）資本組合に見られるように、高額の法人税を免れるために、権利能力無き社団として設立されたことであった。同じ理由で、後継会社であるドイツ有限投資組合がそのような法形態を採ったといわれている[25]。

また1926年には、ミュンヘンでバイエルン投資株式会社（Bayerische Investment-Aktien-Gesellschaft）が設立されている[26]。

---

22) Vgl. Baur, *a.a.O.*, SS.75-76.
23) Vgl. Baur, *a.a.O.*, S.76.
24) Vgl. Baur, *a.a.O.*, S.76.
25) Vgl. Baur, *a.a.O.*, S.76.
26) Vgl. Baur, *a.a.O.*, S.77.
　なお、山下・前掲論文275頁によると、不動産投資信託会社が設立されたのは、1959年となっているが、これは現在のドイツの不動産投資信託のみを扱っている会社の原型のことである。それに対して本文中の投資会社は、投資原則の確立されていない不十分な形で、不動産投資の他に有価証券投資も行う兼営投資会社を意味するものである。

第1章　銀行業務と投資信託業務の利益相反問題

　この会社は、自ら投資活動には従事せず、外国の公的な資金の仲介を主たる業務としていた。一方で、当該会社は当時としては新しい投資持分証券（Investment-Zertifikate）についての意見を裁判所や大蔵官吏に対して述べたとされている。

　特筆すべきは、この会社が次に掲げるような法的特徴を持っていたことであった。つまり持分権所有者は、投資会社より委任され銀行により保管されている有価証券の共益権を与えられ、当該持分権譲渡は受託銀行に対する返還請求権の譲渡という形で行われることである。しかしこの形態の証券投資については、持分権者は投資会社の業務をコントロールする位置に立たない、ということが欠点とされている。とはいうものの、注目すべきことは、投資信託が会社的な（Körperschaftlicher）基礎のうえに成り立っていたことで、従って投資信託の構造が英国や米国の単純な模倣ではなかったことである[27]。

　そのほかの投資会社としては、バイエルン投資株式会社の他に、1932年頃ミュンヘンでドイツ投資株式会社（Deutsche Investment AG）という投資会社があったといわれている[28]が、詳細は不明である。

　また不動産投資会社について、直接の先駆とみなされているのが、1936年にライプチヒで設立された貯蓄保護金融有限登録会社（Sparer-Schutzkasse Gen.mbH）であった。この不動産投資会社は、現代のそれと区別されるが、その理由は、当該不動産会社が不動産営業のみを行っているのではなく他の営業も同時に行っていたこと、

---

27)　Vgl. Baur, *a.a.O.*, S.77.
28)　Vgl. Baur, *a.a.O.*, S.78. なお、河田・前掲論文6頁参照。

13

及び不動産を管理する際にある種の共同決定法が存していたこと等が挙げられる[29]。

　第2次大戦前に生じた投資信託の萌芽は、単なる英米の模倣ではなく、しかも法律的には一定のレベルに達していたと評価できるであろう。しかし投資信託には不可欠である諸原則——特に危険分配の法則——が欠けていたことにより、ドイツにおける投資信託は1930年代で消滅してしまった。

（2）　投資会社設立前のドイツの状況
第2次大戦前のドイツにおいては投資信託の萌芽はあったが、投資信託に不可欠な諸原則が欠けていたこと等により、いずれも初期の段階で消滅してしまった（前述(1)）。その後ドイツにおいて投資信託の制度が再び復活し、現在の投資信託の原型となったのは1949年のことであるが、ここではそこに至るまでのドイツにおける状況を検討することにする。

　1930年代から、第2次大戦を挟んで、1940年代はドイツでは投資信託がほとんどその存在意義を持たなかった。その理由としては、まず銀行がユニバーサル・バンクなので、銀行業務と証券業務の窓口が同一店舗内にあり、顧客は敢えて証券業務の窓口に行かないことが挙げられる。これは従来からユニバーサル・バンク制度のもとでは、証券業務が発達していないことが指摘されているが、前述のことはその一つの理由に挙げられるであろう[30]。

---

29)　Vgl. Baur, *a.a.O.*, S.78.
30)　日本生産性本部編『ヨーロッパの投資信託　第2次証券投資信託専門視察団報告書』（日本生産性本部、1965年）381〜382頁参照。

第1章　銀行業務と投資信託業務の利益相反問題

　第2の理由としては、ドイツの株式会社制度が関与していることが挙げられる。つまりドイツでは、株式会社の数が少ないので、投資の対象となる株式及びそれに関連した有価証券が少ないことが証券市場の規模が小さい原因の1つである。

　しかし第1次大戦後の大インフレにより、一般投資家は自らの資産が大幅に目減りしたという状況を前にして、インフレ・ヘッジの必要性に目覚めた。そこでリスクは少なく、リターンは大きい投資の機会を求めていた。そのような状況のなかで多数の少額の資金を集めて専門家が運用し、一般投資家は投資額に応じて分配を受けるという投資信託の必要性が認識されてきた。

　しかしみてきたように、第2次大戦までのドイツにおける投資信託は余り発展をしなかった。それが現代のように発展する基礎を築いたのは、1949年にコメルツ銀行（Commertz bank）やバイエルン・フェライン銀行（Bayerische Verein bank）等が中心となって、投資会社（Allgemeine Deutsche Investment GmbH）を作ってからである。すなわち、ユニバーサル・バンク業務を営む大銀行が投資会社の子会社を設立し、そこから投資信託業務の発達が始まったわけである[31]。

　しかしここで1つの疑問が生ずる。つまりユニバーサル・バンクの業務範囲は投資信託業務を含むとされているのに（前述）[32]、なぜ投資会社という子会社を設立する必要があったのだろうか。

　ホプト（Hopt）教授によれば、それは投資家保護であるという[33]。

---

31) Vgl. Baur, *a.a.O.*, S.79.
32) 注4) 参照。
33) Vgl. Klaus J. Hopt, *Der Kapitalanlegerschutz im Recht der Banken*, Berlin, 1975, SS.297-298.

15

すなわち投資信託業務と証券業務を同一の金融機関が同時に行うと、投資家の利益が損なわれるのである。具体的な例を挙げると、最も典型的な利益相反行為としては、ユニバーサル・バンク自身が自らの口座を開設し、投資信託のファンドと取引をすることが考えられる。さらにまたユニバーサル・バンクである銀行が投資信託を一般投資家に販売する場合に、売れ残りの株式や公社債を投資信託に押し込むことが有り得る[34]。またディーリング部門の後始末を投資信託に任せるということも起こり得る。

このような問題に対して、もしユニバーサル・バンクから投資会社が独立していれば、いわば金融機関による一般投資家の利益代表（Interessenvertretung durch Kreditinstitute）として、中立の立場で運用することが制度上は可能になる[35]。そのことが制度的な投資家の保護につながる。そこで大銀行を中心としたユニバーサル・バンクは、法律上は本体で投資信託業務が営めるにもかかわらず、あえて投資信託子会社を設立したのである

（3） 日本の証券会社及び証券投資信託委託の独立性
ドイツではユニバーサル・バンク制度がとられているため、銀行と投資会社の結び付きが、銀行・証券分離の法体系を採る国々と比較してもかなり強いはずである。そうすると逆に投資家保護の観点からは問題があることになる。その点をドイツの投資会社に相当する日本の投資信託委託会社と証券会社の関係を比較することにより明らかにしたい。

---

34) Vgl. GFK, *a.a.O.*, SS.67-69.
35) Vgl. Hopt, *a.a.O.*, SS.503-504.

第1章　銀行業務と投資信託業務の利益相反問題

　日本では、第2次大戦後投資信託における委託者としての業務は証券会社が兼営していた[36]。昭和28年の証券投資信託法の法改正により、免許制が採用され当初は証券会社が兼業していたが、昭和35年に証券会社から分離独立して、別個の法人となった。その理由は、証券会社が委託会社を兼営するときは、委託者として信託財産に属する有価証券の委託注文を発する立場と、証券会社としてその注文を受ける立場が競合する。また、受益証券すなわち投資信託の販売実績を上げるために、偏った投資政策を採ることもある。これらは受益者の利益に寄与するはずの委託会社本来の立場に反する。つまり投資会社の投資政策が一般投資家ではなく、証券会社の利益に寄与することになる。委託会社が証券会社から分離独立した際に、委託会社の株式の分散が図られた。それは、独占禁止法との関連並びに信託財産の運用の中立性を保つためとされている[37]。

　すなわち最終的には投資信託委託会社の証券会社からの独立性が問題となるわけであるが、その点が従来から大問題として議論されてきた。例えば証券投資信託委託会社及び証券会社の結び付きについて、昭和43年及び昭和51年の証券取引審議会でも議論され[38]、委託会社の一層の独立性の確保が求められていた。具体的な方策については平成元年の投資信託研究会で議論された。具体的に実行された施策としては、①委託会社の受益者に対する忠実義務の明文化、同一会社の信託財産相互間の取引の原則禁止の法律改正、②

---

36)　佐々木功『特別法コンメンタール証券投資信託法』（第一法規、1970年）39〜40頁参照。
37)　佐々木・前掲書41〜42頁参照。
38)　投資信託研究会『今後の投資信託のあり方について——投資信託研究会検討結果』（資本市場研究会、1989年）85〜86頁参照。

委託会社の自主的な運用、公平な価格による取引を担保するための自主ルールの制定、③販売取引面で関係証券会社に依存している状況を改善するための公開販売及び株式の分散発注制度の導入である[39]。そのほかに最重要課題とされたのは、投資信託の運用面や委託会社の経営面の自主性の確保と並んで、関係証券会社との間の利益相反の可能性、すなわち証券会社の売買手数料増加のための有価証券の短期売買、証券会社が引受けた有価証券の投資信託への大量売買について注意を払うべき、とされた。

　これらの問題は、審議会の議論だけに留まらず、当時実際に実務界において起きていた問題であり、この点については日本においても投資信託の投資家保護の観点から大いに批判されるべきである。

　また、さらに日本的な問題も存する。即ち現在の日本における証券投資信託委託会社の社員は、親会社たる証券会社から出向してくる場合がほとんどであるが、その際に自らの姿勢を投資信託委託会社の社員として証券会社から完全に独立することが出来るかという問題である。以上のように、銀行・証券分離の法体系を採る日本においてでさえ、このような深刻な利益相反問題が生じていたのであるから、ユニバーサル・バンク制度を採用するドイツでは更に深刻な利益相反問題が生じていたであろうことは容易に想像がつく。

　このように銀行証券制度が異なるとはいえ、日本とドイツにおいては投資家保護の観点から同様の問題があった。ドイツの場合は、より一層銀行（Universalbank）の力が強力であるため、投資家保

39）　投資信託研究会・前掲書 18～19 頁参照。

護・利益相反回避の観点からの要請があった。そこで大銀行を中心としたユニバーサル・バンクは、法律上は本体で投資信託業務が営めるにもかかわらず、あえて投資信託子会社を設立したのである。

3 投資会社法の制定及び大銀行の投資会社設立

(1) 第2次大戦後の投資信託の発達と大銀行の子会社設立

前述のように、1949年にはアルゲマイネ・ドイチェ投資会社（Allgemeine Deutsche Investment GmbH 以下 ADIG と略記する）が設立され、その後の第2次大戦後の投資信託の発展の基となった。この会社は、第2次大戦前のバイエルン投資会社と法的構造はよく似ていた[40]。特に似ていた点は、持分所有者が投資財産における有価証券に対して自らの持分数に応じた共有者（Miteigentumer）となったことである[41]。更にこの投資会社は投資会社法 KAGG により規定された現在の投資信託の骨組みを殆ど備え、危険分配の法則等の投資原則を遵守していた。しかし ADIG はバイエルン投資会社とは異なり、フィクスト・トラスト型（Fixed Trust）ではなく、マネージメント型（Management Trust）投資信託であった[42]。同時に ADIG はバイエルン大蔵大臣が税法上有利な取扱をした。ADIG は1950年に、Fondra（株式と債券の両方に投資するファンド）、Fondak（株式のみに投資するファンド）及び1955年に Fondis（一流工業株式

---

40) Vgl. Baur, *a.a.O.*, S.82.
41) Vgl. Baur, *a.a.O.*, S.78.
42) Vgl. Baur, *a.a.O.*, S.79.

のみに投資するファンド）等を設定するなど[43]、活発な活動を始めた。

それ以外の活動としては、さらに1955年ドレスナー銀行が中心となって、ドイチャー・インベストメント・トラスト有価証券投資会社（Deutscher Investment Trust für Wertpapieranlagen mbH 以下DITと略記する。）を設立した[44]。DITは1956年にコンセントラ（Concentra）（株式を中心に運用するファンド）を設定し、さらにインダストリア（Industria）、テザオルス（Thesaurus）及びトランスアトランタTransatrantaというファンドを設定する等の活動を行った。

また1956年には、ドイツ銀行、バーディッシュ銀行（Badische Bank）等の金融機関が集まって、ドイツ有価証券投資会社（Deutsche G. für Wertpapiersparen mbH）を設立した。この投資会社は、インヴェスタ（Investa）（債券及び株式に投資するファンドでドイツ最大のファンドのひとつである。）というファンドを設定した[45]。さらに3大銀行による設立の他に、2つの投資会社の設立があった。

以上のように1957年に投資会社法KAGGが制定される前に、すでに5つの投資会社が設立されていたことになる。すなわち大銀行は、投資会社法KAGG制定前のこの時期に、子会社による投資信託業務進出への体制を整えていたといえる。

(2)　投資会社法KAGGの制定

投資信託に関する制定法が作られる以前に、西ドイツにおいては大銀行により投資信託がすでに始められていた。ADIGが作られてす

---

43)　日本生産性本部・前掲書382〜383頁参照。
44)　日本生産性本部・前掲書383頁参照。及びcf. Deutscher Investment-Trust Semi-Annual Report 1993, Frankfurt, 1993, pp.10-30.
45)　日本生産性本部・前掲書384頁参照。

ぐ後すなわち 1949 年末には、投資家の間には制定法の不存在による様々な不満が生じていた[46]。例えば当時ドイツ国内には、イギリスを始めとする外国投資信託（ausländische Investmentanteile）の販売に関して、投資家の間に不満が溜っていた。特に持分者（投資信託の購入者）に対しては、個別に投資会社と契約を結んでいたので、制定法による持分者の権利保護が求められていた。

またそれ以外にも、第 2 次大戦後の疲弊したドイツ経済立て直しのために、一方で一般庶民にとって新しい投資貯蓄（Investment Sparren）の創設の要請があった。他方産業の復興のために、市民の資本が従来より強い程度で（in stärkerem Masse）資本市場に参入することが求められていた。つまり換言すると、西ドイツ経済の立て直しのためには新しい資本の源を見つけ出す必要があり、他方労働者に対しては私有財産形成の基礎の拡大のために新たな投資先を見つける必要があった[47]ということである。さらに労働者による投資は、直接に金融及び労働の機会確保に役立ち、その結果投資貯蓄を推進することは労働者自身にも役立つと考えられ、その意味でも新たな投資貯蓄の創設が推進された[48]。以上のようなことが背景となり、投資会社法 KAGG が次のような手順で制定された。

まず 1953 年に、ドイツにおける投資貯蓄の促進に関する金融団体（Verbänden des Kreditgewerbes）及び経済組合（Verbänden der gewerbelichen Wirtschaft）と連邦大蔵大臣の最初の交渉の後で、キリスト教民主同盟（CDU）及びキリスト教社会同盟（CSU）の議員団

---

46) Vgl. Baur, *a.a.O.*, S.82.
47) Vgl. Baur, *a.a.O.*, SS.82-83.
48) Vgl. Baur, *a.a.O.*, S.83.

は 1953 年 5 月に連邦議会（Bundestag）に立法提案（Initiativgesetzantrag）を行った[49]。この時の草案(Gesetzentwurf)は、全 10 章を含んでおり、特に持分者の権利保護のために特別財産形成（Bildung eines Sondervermögens）が意図されており、初めて特別財産は投資会社固有の財産とは区別されるものとなった。特別財産形成により、投資家は、もし投資会社が破産をした場合であっても、自ら投資した投下資本の回収が可能になった。そしてそのことは、投資家保護の面からは重大な意味を持った。同時に草案には、投下資本の目的物の質受け（Verpfädung）、譲渡担保（Sicherungsübereinigung）及び担保のための債権譲渡（Sicherungs-abtretung）の禁止が含まれていた。

さらに重要な改正点としては、危険分配の法則を具体化するのための原則及び権力集中抑止(Verhinderung von Machtzusammenballungen）のための原則を含んでいたことが挙げられる。それらの原則は、投資信託における投資家保護のためには不可欠のものである。

その他税法上も重要な内容を含んでいた。すなわち投資会社に投資された財産には、法人税、営業税、及び財産税は課税されないという点である。このような法案を政府が認めてそれを法律にしようとすることから、当時の社会情勢がいかに投資貯蓄を必要としていたかがわかる。

また法案を審議する審議会（Ausschußberatung）において[50]、最も心配されたのは、まだ当時未成熟であった投資信託の仕組みそのものが、一部のものによる堅実でない（unsolides）営業活動、及び損害を与えかねない（verlustbringende）操作で壊されてしまう恐れ

---

49) Vgl. Bundestag Drucksache I/4,199, SS.1-3.
50) Vgl. Bundestag Drucksache II/1585, SS.1-2.

がある、ということであった。この点について、審議会で議論されたことは、投資会社に対する監督は、統一的な視点での監督を可能にするために連邦レベルで行われなければならないとされたことであった。そのほかにこの審議会で議論されたこととしては、持分者保護の視点から受託銀行（Depotbank）制度が採り入れられたことが挙げられる。同様に投資家保護の視点から、特別財産を維持するために、持分者による特別財産の解散請求は認められない、とされた[51]。

ドイツ連邦議会により可決された当該法案は、しかし連邦参議院の賛成を得ることが出来なかった[52]。連邦参議院が主張したのは、投資会社に対する連邦レベルの監視機関は不必要であり、それぞれの州の監督機関で十分ではないか、ということであった。そこで調停委員会（Vermittlungsausschulß）により調停がなされ、補足された法案が可決され、1957年4月17日に公告された。

その後投資会社法 KAGG は、幾度か変更された[53]。その代表的なものは1960年法である。1960年改正の際に、外国投資持分（ausländishe Investmentanteil）の販売を、国内の銀行監督庁の監督下におくことが試みられたが失敗した。しかしこのため後年IOS会社等による外国持分販売に関して深刻な問題が起こったことの反省から、外国投資会社法（Gesetz über den Vertrieb ausländischer

---

51) Vgl. Baur, *a.a.O.*, SS.83-84. なお、これらの議論は、基本的に米国の制度の研究によるものであった。これらの情報は、ドイツ連邦議会のメンバーも参加した専門家視察団（Expertenstudienreisen）によって、審議会にもたらされた。
52) Vgl. Bundestag Drucksache II/3235. SS.1-2.
53) Vgl. Baur, *a.a.O.*, SS.84-85.

Investmentanteil) が制定されたのは、皮肉であろう。またファンドの投資対象に株式を積極的に組み込むという成長ファンド（Wachstumsfonds）は、それまではほとんど重視されてこなかったが、株式を中心とする資本市場には産業復興のため、大衆資金を必要とするという国民経済上の理由から除外されなかった[54]。

（3） 現在のドイツにおける投資会社の状況

前述の通り、第2次大戦後のドイツにおける投資信託の発達は、大銀行による投資信託子会社の設立、そしてその後の投資会社法KAGG制定により、その基礎が確立されてきたということができる。そこで次に投資会社の現状について、その法的構造及び制度的な特徴を検討することにし、その例として、DITの現状について考察を加えていくことにする。

KAGG1条2項によると、「投資会社は株式会社又は有限会社の法形態でなければならない」とされているが、通常の投資会社は有限会社であり、当然のことながらDITも有限会社である[55]。KAGGによると株式会社形態または有限会社形態の両方が可能なはずであるが、設立の際の手続きや親会社たるユニバーサル・バンクの投資会社に対する出資割合等の理由により、全て有限会社形態にしているものと思われる[56]。またこの有限会社には、特別に監

---

54) Vgl. Baur, *a.a.O.*, SS.84-85. これは、ドイツでは伝統的に高金利が続いていたこと、及びユニバーサル・バンク制度により株式市場が余り発達せず株式投信によりハイ・リターンを狙うことができなかったためである。
55) cf. DIT, *Semi-Annual Report*, 1993, final page.
56) この点に関しては、DITの出資者はドレスナー銀行1社であるが、

第1章 銀行業務と投資信託業務の利益相反問題

査役会（Aufsichtrat）を設けなければならない（KAGG 3条）。

最も重要な点は、子会社たる投資会社の監査役会の構成員に対しては、親会社のユニバーサル・バンクの監査役会構成員等役員と兼職禁止規定がないことである[57]。例えば DIT の監査役会の議長は、ヴォルフガンク・レーラー博士（Dr. Wolfgang Röller）であり[58]、彼は同時にドレスナー銀行の監査役会の議長でもある。その他議長代理のゲルハート・エーベルシュタット（Gerhard Eberstadt）は、ドレスナー銀行の取締役であり、監査役会の全構成員7名のうち6名がドレスナー銀行の役職員である。このように現実では投資会社と親会社であるユニバーサル・バンクとの間で人的な結び付きが強く、この点でドイツの投資会社は独立しているとはいえない。

また KAGG 12条は、「投資会社は特別財産の保管並びに持分証券（Anteisheine）の発行及び買戻しの事務を他の金融機関（受託銀行）に委任しなければならない」と、規定している。これはファンドから投資された資産を運用した有価証券等を、投資会社とは別の金融機関が中立的に確実に運用する趣旨である。ただこの際に受託

もし株式会社にすると5人以上の発起人（Gründer）が必要とされるから単独出資には向かないのであろう。

57) この点については、KAGG 12条の受託銀行に関する規定で、兼職禁止規定はある。前述のように現実には、親銀行と受託銀行は同一であるので、間接的に兼職規定となっている。しかし本文で記述したように、実際にはユニバーサル・バンクの役員が、投資会社の監査役会の構成員となっている。この点、確かに KAGG 12条を詳しく検討すると、受託銀行の商事代理人等は、投資会社の職員（Geschäftsleiter）になれない、と規定している。しかし KAGG 12条1項は同時に「当該銀行が有価証券混蔵銀行（Wertpapiersammelbank）である場合には適用されない。」として例外を認めているので、実際上は兼職がなされている。

58) cf. DIT, op. cit., final page.

銀行には、保管及び持分証券に関する事務の手数料が入る。この収入が受託銀行にとっては大きい。実際にはDITに関しては、ドレスナー銀行が受託銀行となっている[59]。なぜならユニバーサル・バンクである以上銀行は証券業務も営んでいるので、当然受託銀行業務という手数料につながる業務を他の銀行に渡すはずがないからである。投資会社の受託銀行に親会社であるユニバーサル・バンクがなるという例は、DITに限らず、他の投資会社でもほとんど同じである。

この問題について日本の状況を見てみると、例えば野村証券系の野村証券投資信託委託の受託会社には、東洋信託、住友信託、三菱信託、三井信託、大和、安田信託、中央信託の7つの信託銀行すべて（1994年当時）がその地位にあるが[60]、その他の投資信託委託会社に関しても前記の信託銀行がほとんど同じ顔ぶれでその地位にある。つまり形式上は競争が存在しているのである。

それに対しドイツの投資信託における受託銀行は、ほとんどが投資会社のスポンサーたるユニバーサル・バンクが兼務している。しかも日本では証券会社が行う投資信託の販売業務は、ドイツにおいては当然ユニバーサル・バンクが行う。一般にドイツの投資信託は、日本とよく似ていると言われているが、日本においては投資信託の

---

59) cf. ibid., front page. によると、DITの受託銀行は、一部のファンドすなわちDIT-TECHNOLOGIEFONDS, DEUTSCHER RENTEN-FONDS 'K' 及びThesanrentについては、Bayerishe Hypotheken und Wechsel Bank AGであったが、1993年3月1日にすべてドレスナー銀行になった。

60) 証券投資信託協会編『証券投資信託月報・昭和63年度版』（証券投資信託協会、1988年）付III表参照。

販売者、運用者、及び管理者の3つの法的地位が別に存在するのにする。他方ドイツにおいては販売者と管理者が同じユニバーサル・バンクであり、運用者たる投資会社もユニバーサル・バンクとより密接な関係にある。つまりドイツの投資信託は、販売、運用、管理の3つの地位をわけて、独立の投資会社が独自の判断で運用を行うという投資信託の原則上からは非常に問題があるといえる。

例えばユニバーサル・バンクが保管手数料を得るために投資会社に指示を出したり、株式の売買手数料を得るために度々売買を指示したり、投資信託を販売していくうえで問題のある投資対象を新しいファンドに繰り越したりすることがありうる。言い換えると、たとえ投資会社がユニバーサル・バンクから分離・独立して設立されたとしても、依然として投資会社に対するユニバーサル・バンクの影響力が強く、ドイツの投資信託は制度的に利益相反を生じ易いといえる。

この問題について、日本人は心情的に親会社と関係があるのでそのような問題が起こり得るが、一方ドイツ人は自分の与えられた職務は確実にこなすのではないかという批判が確かに存在するであろう。しかし少なくとも制度上は、ドイツの制度の方が利益相反の問題が生じ易いといえる。

4　現行の投資信託制度の問題点と投資家保護の必要性

3でみてきたように、ドイツの投資信託制度には、投資家保護の観点から様々な問題点があった。そこで最後にこの問題点を整理し、指摘することで本章の終わりとしたい。

まずドイツの投資会社を中心とする投資信託制度には、ユニバーサル・バンク制度なるが故に様々な問題点があった。すなわち①販売者たる金融機関と保管金融機関が同一であるということである。これは、法制度上は積極的に販売者と保管者が同じであることを規定しているわけではないが、兼職規定が無いことで両者の地位を同じ金融機関が持つことを禁止していない以上消極的に認めているといえる。現実的にはKAGG 12条1項により決定権が投資会社に与えられているが、投資会社の業務決定権はユニバーサル・バンクから派遣されてきた役員が有しているので、他の銀行を受託銀行に選定する可能性は無いであろう。顧客に対しては約款（Vertragsbedingungen）により、その旨通知されている。

　次に②人的に投資会社のユニバーサル・バンクからの独立性が小さいということがいえる。これは投資会社の役員が同時にユニバーサル・バンクの役職員であることを意味する。広義にはユニバーサル・バンクを退職した職員もここに含まれるであろう。前述のように、事実上兼職規定がないので[61]、実際には親会社たるユニバーサル・バンクの役員が、投資会社の役員になっている。従って親会社たるユニバーサル・バンクの意向が反映し易く、投資会社の独立が保たれているとはいえない。しかも実際に投資方針を決定する投資委員会（Anlageausschuß）が設けられている場合であっても、実際には業務執行者（取締役）が日常的な業務を行っているので、例えば実際の運用にユニバーサル・バンクの意向が反映されるということがあり、独立性が十分保たれているとはいえない。

61）　本章注59)参照。

第1章　銀行業務と投資信託業務の利益相反問題

　さらに、③投資会社に行為規制がないこと[62]が挙げられる。この点日本の制度は、証券投資信託法17条2項4号によると、「委託会社は、受益者の保護に欠け又は信託財産の運用の適正を害する」行為を禁止している。具体例は省令に委ねられているが、現在のところそのような省令は法定されていないので、投資信託協会の業務規程が次のような行為を禁止している。つまり自己取引の禁止、信託財産相互間の取引の禁止、集中投資の禁止[63]等である。このような行為規程がドイツの投資信託制度上は存在しない。この点も投資家保護に欠けるといえる。

　また、投資家保護の面からは、ドイツの契約型の投資信託制度も指摘することが出来るだろう。つまりドイツの投資信託制度は、日本と同様に契約型であり、会社型でないから投資家が株主として投資対象の決定に参画できない。制度上この一事をもってすぐに会社型の方が優れているとはいえないが、少なくとも投資会社の独立性の問題が、投資家代表が経営参加することにより、より中立になるということは明らかであろう。

---

62)　山下・前掲論文279頁参照。
63)　緩やかな集中投資の制限は、KAGGにも存する（例えば、同一発行人の発行した有価証券の発行制限については、KAGG8条1項参照）。

第2章　投資顧問業と私募投資信託

問題の背景

　1999年9月現在金融ビッグバンが完成段階を迎えている。株式委託手数料が自由化され、自由競争の波が金融業界を覆っている。証券業界の変革のなかで委託手数料の廃止・免許制の登録制への移行と並んで、投資信託・投資顧問業の改革も大きな意義を持っている。銀行による投資信託の窓口販売は投資信託の裾野を大きく広げるものであり、それだけに改革を迫られているということもできる。

　またビッグバンの一環として1998年12月から投資顧問業法（有価証券に係る投資顧問業の規制等に関する法律）及び私募投資信託も改正が行われた。証券会社の営業方針が手数料獲得から、預かり資産の拡大へと移行していくなか、証券会社に今後求められるものは個々の投資家の資産運用ニーズを的確に捉えたサービスの提供が至上命題である。このような状況のなかで、大手証券会社はいわゆるラップ口座を媒介として「投資一任勘定」を投資顧問の一形態として営業の重点に置くことを今後の課題としている。しかしこの投資一任勘定は周知のようにいわゆる損失補塡問題[64]で、証券会社が

64）　旧山一證券をはじめとする4大証券から中小証券まで、大口の顧客のみに有価証券の反対売買を通じて、事後的に損失を補塡していた。損失補塡をした1989～91年当時は明文では補塡が禁止されていなかったが、通達及び慣習規則で規制されていた。この事件がきっかけで日本市場は国内だけでなく海外の投資家の信用をも失った。1999年現在は証券

特定の大口顧客から一任されて運用していた営業特金が損失補塡の温床として批判されて廃止した経緯に鑑みると、多くの問題点をも包含している。

わが国はこれまで投資信託についていわゆる公募型がその中心で、特定の機関投資家を対象とした私募型の投資信託は認められていなかった。アジア金融危機で一躍注目されたヘッジ・ファンドもいうなれば私募投信であり、私募投信の解禁により、法的には国内でもヘッジ・ファンドの組成が可能となったといえる。

50人未満の投資家による一任勘定にもとづく投資顧問と私募投信は法的には異なるものであるが、実際上はほとんど同じものといっても過言でない。つまり集めた資金を1つのファンドとして、運用者が投資家の意向を反映させながら、リスク分散の原則により有価証券等[65]に投資するものである。投資信託法（証券投資信託及び証券投資法人に関する法律）平成10 (1998) 年10月改正（平成10法107）により、いわゆる会社型投資信託と同時に私募投信も解禁され、投資顧問業ともあわせ50人未満の機関投資家らを中心とした投資家にとって新たな投資方法が提供された。

このように今後の発展が期待される私募投信であるが、米国以外ほとんど研究されていない。そのほか例えばドイツでは1960年代からスペシャル・ファンドとして私募投信が事実上行われ、現在では法的に組成が認められ、通常の公開ファンドを上回る規模に拡大

取引法42条の2第1項3号により禁止されている。また、損失補塡をした当時の取締役らが訴えられている。
65) 証券投資信託及び証券投資法人に関する法律（以下投資信託法と略記する）2条により、投資信託の対象が列記されている。

している[66]。本章ではドイツのスペシャル・ファンドを具体的に研究することにより、わが国の私募ファンドの発展に法的示唆を与えることを目的とする。

1 スペシャル・ファンドの歴史的背景

（1） 創設段階（1968年～1978年）
ドイツでは1990年に投資会社法（Gesetz über Kapitalanlagegesellschaften：KAGG）が改正され、スペシャル・ファンドの定義付けが法律的になされた。すなわち「持分証券が、投資会社との合意に基づき、自然人でない10人未満の持分所持人により保有される特別財産であり、投資会社は持分証券を投資会社の同意を得たときのみ持分所持人に移転されるもの」である（KAGG1条2項）。結果としてこの規定は事実として存在していたスペシャル・ファンドを法的に承認したに過ぎなかった。つまり機関投資家のために、KAGGが改正される前から事実としてスペシャル・ファンドが存在していたのである。このファンドを利用しているのは、60％が保険会社、30％が年金基金、そして残り10％が各種財団である。

ここでスペシャル・ファンドの過去30年の歴史を3期に分けて考えていきたい。投資会社法が制定されたのは1957年であり、投資信託に関して初めて立法的な規制がかけられた[67]。その後約10年間はドイツでは公開ファンド（Publikumsfonds）のみが投資家の

---

66) Vgl. Bundesverband Deutscher Investmentgesellschaften(BVI), *Investment* 98, S.62.
67) Jürgen Baur, *Investmentgesetz,* 2.Auflage, 1997, Berlin, S.173-174.

33

投資対象であった[68]。また不動産も 1969 年以降公開ファンドの取得対象に加えられた。そのような状況のなかで最初のスペシャル・ファンドが組成されたのは、1968 年である[69]。その端緒は保険会社であり、公開ファンドの特別形態として組成された。ドイツではユニバーサル・バンク方式を採用しているために、銀行（die Bank）は銀行業務だけでなく、証券業務も営業することが出来る[70]。従って銀行以外で主要な金融機関といえば保険会社である。保険会社は保険準備財産（Deckungsstockvermögen）を運用するために、有価証券だけでなく、投資信託持分に対しても投資する希望を有していた。そこで同一でかつ特定の目的を持つ投資家のニーズに合わせて、当時は「個別ファンド（Individualfonds）」と呼ばれたファンドが保険会社向けに創られた[71]。当時及び 70 年代に至るまでは、学会では一人若しくは少数の持分者のためにファンドの組成を許可することは大いに議論のあるところであった。連邦信用制度監督庁（Bundesaufsichtamt für Kreditwesen）は最広義で、いわゆる荷受理論

---

68) しかしドイツでは株式会社の数が少なく、しかも金融機関はユニバーサル・バンク方式なので一般投資家にはあまり魅力ある投資商品はなかった。そこで一部の投資資金はいわゆる灰色資本市場（grauer Kapitalmarkt）に向かった（詳細は拙稿「ドイツ灰色資本市場における投資仲介者の法的責任について——公開有限合資会社（Publikusms-GmbH & Co. KG）に対する個人投資家による資本投資と投資家保護」一橋論叢 116 巻 1 号 82〜101 頁および拙稿「ドイツにおける外国投資持分（Ausländischeinvestmentanteile）販売及び外国投資会社法の制定について」『一橋研究』20 巻 2 号 93〜113 頁。なお本書第 5 章を参照）。
69) Carl Dieter und Förster Wolfgang, Das Recht der Investmentfonds, 2. Auflage (Berlin, 1994), S. 93 ff.
70) 信用制度法（Kreditwesengesetz）1 条参照。
71) Kandlbinder, Hans, *Spezialfond-als Anlageinstrument* (Frankfurt, 1991), S. 11 ff.

第2章　投資顧問業と私募投資信託

(Destinär-Theorie) が正当化される場合にスペシャル・ファンドが社会資本の投資に該当するときに限り、スペシャル・ファンドを許容した[72]。立法者としては投資信託という投資形態を全ての一般大衆に解放したいと考えていたので、投資信託に接する機会を断つことは正当ではない (gerechtfertigt) と判断した[73]。この場合大衆とは年金基金、共済基金、及びその他の老齢対策団体のように間接的に多数の大衆を代理するもの (荷受者 (Destinäre)) をも含むと判断したものである。

　スペシャル・ファンドの創設段階はそれから約10年間、1978年頃まで続く。その際そのような資本会社 (Kapitalanlagegesellschaft) (後に法律上投資会社 (KAG)) が主に行った行動は、大銀行の系列会社となり、当時既に公開ファンドの営業を行っていたことである[74]。しかしその後70年代の初頭には既に2、3の投資会社は、専らスペシャル・ファンド営業を行っていた。この傾向は70年代中頃にはさらに強くなり、他の銀行グループ——特に私的及び地方銀行、貯蓄機関及び協同組合——は子会社として投資会社を設立しこの分野の営業を発展させた。それに対して外国銀行や保険会社の投資会社は補助的な役割しか果たさなかった。その結果投資会社全体としてはどのスペシャル・ファンドを組成し管理するかを分担していて、1980年代までスペシャル・ファンドを運用する投資会社数は、ほとんど大きな差はなかった[75]。その後1975年からスペシャル・ファンドに預けられる資産は急激に増加し、1978年まで

---

72)　Vgl. BVI, *a.a.O.*, S.49.
73)　Vgl. BVI, *a.a.O.*, S.49.
74)　Vgl. BVI, *a.a.O.*, S.49.
75)　1977年には設定数は17、1984年には22であった。

35

の3年間に預かり資産は倍増し、100億DMを突破した[76]。また

別表③　スペシャル・ファンドの設定数及びファンド財産

年	設定数	ファンド財産 (100万DM)	収入(資産増) (百万DM)
1968	13	147	88
1969	68	708	528
1970	112	890	241
1971	119	1,144	254
1972	146	1,771	573
1973	176	2,125	592
1974	202	2,869	799
1975	233	4,849	1,407
1976	267	6,164	1,333
1977	326	8,578	2,105
1978	381	10,751	2,284
1979	447	12,291	2,189
1980	488	14,317	2,230
1981	515	16,871	2,553
1982	553	22,432	3,809
1983	585	27,897	3,703
1984	650	33,738	4,590
1985	740	47,413	7,360
1986	907	59,769	12,291
1987	1,104	67,400	17,068
1988	1,299	86,044	15,634
1989	1,474	107,752	16,839
1990	1,649	112,199	18,953
1991	1,815	139,992	23,754
1992	1,986	165,727	23,575
1993	2,207	235,038	40,881
1994	2,498	257,029	45,650
1995	2,624	257,029	37,294
1996	2,958	397,514	62,592
1997	3,508	555,121	107,445

76) スペシャル・ファンドの設定数及びファンド財産については、**別表③**参照。

第 2 章　投資顧問業と私募投資信託

1976 年以降スペシャル・ファンド形態の不動産ファンドも設立された。しかしこのファンドに対する資金の流入（Mittelzuflus）は当初わずかにとどまっていた。このファンドに対する成長を決定づけた要因は、保険団体からのまとまった投資であった。それは 1975 年保険監督法（Versicherungsaufsuchtsgesetzes：VAG）改正により、投資が容易になったことに起因する[77]。70 年代の後半には、スペシャル・ファンドは投資商品としては一般に定着したといえる。経済のなかでの重要性は満場一致で認識されるようになった。結局保険会社や年金基金などの要請によりスペシャル・ファンドの原型が形成されたといえる。

（2）　さらなる発展段階（1978 年～1989 年）
創設段階の後約 10 年間は加速度的な成長段階であった。スペシャル・ファンドに投資された財産はこの期間 3 年ごとに倍増し、結果としてこの 10 年間で約 10 倍になった。一方で同時期証券市場が低迷し、公開ファンドに非常に多くの収入の後退及び資金の流失があったことを考えると、この時期の急速な拡大は特筆すべきことである[78]。1979 年から 1984 年までスペシャル・ファンドの収入は公開ファンドのそれより大きかった。市場全体におけるスペシャル・ファンドの比率は拡大し、1985 年には約 45％ となった。この際このスペシャル・ファンドの拡大に大きく寄与したのは、1980 年 3 月からの社会保険の公的な運用方法としてスペシャル・ファンドが許可されたことである。それ故に 80 年代においては投資家として

---

77)　Vgl. Kandlbinder, a.a.O., S.13.
78)　Vgl. BVI, a.a.O., S.51.

の保険経済（Versicherungswirtschaft）の重要性が、増大し、特にスペシャル・ファンドの投資家としては非常に重要な地位を占めるようになった[79]。有価証券ファンド投資に対する保険会社の割合は、70年代後半には50～60％で推移してきたが、1984年には81％に達した。保険会社の出資割合は、1982年以来常に3分の2かそれ以上の割合を占めるようになった。

別表④　スペシャルファンドの総収入における
保険会社の割合

年	当該年度の有価証券ファンドの総収入(百万DM)	保険会社からの収入(百万DM)	割合(%)
1975	1,407	805	46
1983	3,706	2,988	81
1989	16,839	12,495	74
1992	23,300	10,911	46
1993	39,669	17,455	44
1994	45,181	13,002	29
1995	36,891	15,823	43
1996	62,252	28,923	47
1997	107,083	43,387	41

またこの時期の更なる特徴は、いわゆる大銀行を中心とするユニバーサル・バンクの子会社である投資会社（Kapitalanlagegesellschaften）がスペシャル・ファンドの75％以上の運用を行っていたことである[80]。保険会社もまたわずかではあるが関連の投資会社を保有しており、当該投資会社のマーケットシェアは1977年には

---

79) スペシャル・ファンドの総収入における保険会社の割合については**別表④**を参照。
80) Vgl. BVI, *a.a.O.*, S.52.

全体の3%であったのが、1989年には7%に倍増している。同時期において私営銀行（Privatbank）の関連投資会社は23%と倍増しているのに対し、大銀行及び地方銀行関連投資会社のシェアは約56%に低下している。

1980年代中頃以降全く別グループの投資会社が現れてきた。それまでは公開ファンドの営業のみを行ってきた外国銀行の子会社としての投資会社である。1984年から1989年にかけて実際に活動している当該投資会社の数は22から34に増加した。しかし80年代においては貯蓄銀行、州立銀行（Landesbank）及び協同組合銀行関連の投資会社は余り大きな役割を果たさなかった。

（3） 90年代における最終的なスペシャル・ファンド(1990年〜)
1990年3月1日施行の第1次資本市場振興法によりスペシャルファンドの今日の発展が決定的となった[81]。しかし立法化自体には定義が明文化された以外の意義はなかったが、立法化により以下の2つの重大な変化がもたらされた。すなわちスペシャル・ファンドによる投資の公開により投資家層が国内の全ての法人、人的会社及び全ての自然人でない外国法人に拡大され、さらに1991年1月1日からは抵当信用銀行（Hypothekenbank）及び貯蓄金庫（Bausparkasse）も対象となった。

同じ程度に重要なのは、投資会社法において新しい投資手法や投資商品が許可されたことであり、投資領域が拡大され資産管理手法が改良されたことである。これらが後述するスペシャル・ファンド

---

81) Vgl. BVI, *a.a.O.*, S.52.

の爆発的発展につながるのである。1992年にはファンド財産の残高は公開ファンドより大きくなり、今日ではスペシャル・ファンドのファンド財産は、全体の約53%を占めている。

　スペシャル・ファンドの投資家層の本質的な拡大は、徐々にではあるが投資家層の構造変化をもたらした。保険業界は依然としてスペシャル・ファンドの重要な資本供給者であることに変わりはなかった[82]が、スペシャル・ファンド全体における保険業界の占有率はほぼ50%をやや上回る程度に落ち着いている。それに対し通常の金融機関の割合は、20%を超えるところまで伸びているが、一般企業の割合は20%を切って減少している。このことはとりわけ貯蓄機関及び協同組合銀行（Genossenschaftsbanken）により集めら

別表⑤　投資家層の変化

投資家の種類	1994年 (10億DM)	1995年 (10億DM)	1996年 (10億DM)
金融機関	47.8 18.6%	65.3 21.0%	86.1 21.7%
保険会社	132.0 51.4%	155.9 50.2%	200.9 50.5%
その他の一般企業	51.7 20.1%	60.9 19.6%	75.8 19.1%
社会保険	6.6 2.6%	7.2 2.3%	7.9 2.0%
その他の私的機関	15.3 5.9%	18.0 5.8%	22.6 5.7%
外国（法）人	3.6 1.4%	3.6 1.2%	4.1 1.0%

Vgl. BVI, *a.a.O.*, S. 52. より作成。

---

82)　数年におけるスペシャル・ファンドの投資家層の変化については、**別表**⑤を参照。

第2章　投資顧問業と私募投資信託

れた資金のいわゆるA寄託法（Depot-A-Mittel）と呼ばれる投資に基づくスペシャル・ファンドにおける予備の年金積み立てに相当する機能である。社会保険費などの公的機関の財産はおおよそ2%で推移している。90年代におけるスペシャル・ファンドの大躍進は、市場参加者の構成が変化したことが大きく、特に保険会社の他には抵当信用銀行及び貯蓄金庫系列の投資会社によるものが大きかった。

　近年のスペシャル・ファンドの発展は専ら有価証券ファンドによるものであるが、一方で不動産スペシャル・ファンドも存在している。しかしながらその割合は、スペシャル・ファンド全資産額のなかの約1%である。不動産スペシャル・ファンドは、公開不動産ファンドの発展の後塵を拝している。不動産スペシャル・ファンドの資産は1997年末で45億DMであり、6つの投資会社により管理された16のファンドが組成されている。1996年末から1997年にかけて3つのファンドが設定され、同時に欧州全域に対する不動産投資の傾向が強まっている。

　また、第3次資本市場振興法は、ドイツ投資信託が統一市場でイニシアティブを採るために必要不可欠な変革を目的としている。例えば有価証券特別財産の取得対象にスワップ（KAGG 8 k条）や株式インデックス及び金利に関するデリバティブ（KAGG 8 g・8 h条）等が取得対象となり、大幅に規制緩和された。同様にスペシャル・ファンド――特に有価証券ファンド――に対する規制も緩和されたことも意味する。

　以上のように歴史的なスペシャル・ファンドの発展状況を法律的及び経済的観点から検討してきた。そこで以下では具体的なスペシャル・ファンドに関連する諸問題を法的に検討したい。

2 ドイツ・スペシャル・ファンドの実際

（１） 有価証券スペシャル・ファンドに関する投資家保護

KAGGにおいてスペシャル・ファンドが法定されたのは1990年であるが、実際はその約20年前からスペシャルファンドは設定され、運用されてきた。そこで問題となるのは法定される以前にどのようにして実際にファンドが組成され、運用されてきたか。その際にどのような契約が投資家と運用者である投資会社の間でなされてきたのであろうか。スペシャル・ファンドは圧倒的に有価証券や指数先物などを投資対象としているので、有価証券ファンドを対象にして検討する。ただしここで注意すべき点は、スペシャル・ファンドはその契約により、有価証券の組み合わせにより株式ファンドや債券ファンド及びその混合ファンド、または金融市場ファンドも組成可能である点である。但し、対象が法人であるので老齢対策ファンドはその対象に入らない。

スペシャル・ファンドは公開ファンドに比べて、設立、報告及び公開義務の点で極めて有利である。スペシャル・ファンドは目論見書を発行する必要もないし、そのネット資産価格を正確に算定し毎日新聞に公表する必要もない。しかし対象となる投資家により以下に検討する特別の約款が存在する。全ての種類の契約型のスペシャル・ファンドは、高齢化対策ファンド（Altersvorsorgefonds）[83]を除

---

83) 第3次資本市場振興法により設定が認められた新しいファンドである（詳細は、拙稿「ユーロ導入とドイツの投資信託──第3次資本市場振興法による投資信託の改革」EU通貨統合と証券市場研究会編『ユーロ導入と金融・証券市場』（日本証券経済研究所、1999年5月）220頁以下参照。なお本書終章は、この論稿をさらに発展させたものである）。

いて、スペシャル・ファンドとして設定可能である。クローズド・エンド型の会社型投資信託はその性質上公開しなければならず、スペシャル・ファンドには適しない[84]。持分者（投資家）、受託銀行、及び投資会社は、スペシャル・ファンド契約の当事者となるが各種のスペシャル・ファンド関連の約款に従うのが通常である。契約条項は当該ファンドの決算報告のなかに入れることも可能である。そのためスペシャルファンドは非常に迅速に設立することが可能であり、決算報告が出る頃にはすでに十分な基盤を有することも可能である。

このように基本的に契約型であるスペシャル・ファンドは、当事者の契約で設立されるので、標準契約（約款）が重要である。通常スペシャル・ファンドに対する私法的な契約基礎約款（Vertragsgrundlagen）は以下の内容を含んでいた。一括契約書（Vertragspaket）とは、契約条項（Artikelvertrag）、一般約款（allgemeinen Vertragsbedingungen）及び投資報告書を意味する。投資家と投資会社との間の契約は、連邦金融監督当局（Bundesaufsichtamt für das Kreditwesen）及びドイツ投資信託協会（Bundesverband Deutscher Investment-gesellschaften（BVI））の事前の認可を受けた標準条項を含む契約書により行われなければならないとされていた[85]。そして当該標準約款（Vertragsmustern）は1990年3月1日のKAGG施行後もほとんど変更されなかった。唯一変更されたのは以下の2点である。すなわち、①「持分者は10人以内である自然人以外のもの」、②「持分者が持分証券を譲渡することが出来るのは、投資会

---

84) Paul/Päsler, *Das Deutsche Investmentrecht* (Frankfurt, 1999), S.38.
85) Vgl. Kandlbinder, *a.a.O.*, S.59.

社の承認を受けた場合のみである」。

　特別の約款に規定してあるのは、投資家が新しい投資可能性・手法・機会を見つけた場合や、投資家の意思に反した場合に運用者に対して異議を述べることが出来るとする条項である。また運用者は予め投資家と合意した運用方針に合うように、運用者に対し意見を述べることが出来るという条項も存在する[86]。この点はファンド・ガバナンスや契約型の投資信託を考慮する際に非常に重要な点である。会社型と異なり、契約型で投資信託を運用する場合、投資家の意思を反映させるのは、このような条項を予め入れるだけで理論上は可能である。それに対し会社型投資信託では持分者は株主であるので、わが国では商法の適用が問題となり、問題はそう単純とはならない。しかし契約型でも不特定多数の投資家が持分者となる場合は、余りこの異議申立権を濫用すると運用が出来ない点に注意するべきである。いずれにせよ持分者が少数――特に1社若しくは数社――の場合には、この形の異議申立権は非常に有効である。以上のように1990年以前のスペシャル・ファンドは、特に設立と運用に関して、その営業を規定するための私法的な裏付けとなる統一的約款が不可欠であったといえる。以下その内容を検討する。

　自然人でない法人がスペシャル・ファンドを組成しようと希望した場合に必要なのは、KAGGで規定されているように、投資会社と受託銀行である。投資された金銭を管理し運用する合法的権限を持つ金融機関は、投資会社のみである[87]（KAGG1条1項）。有価証

---

86) Vgl. Kandlbinder, *a.a.O.*, S.59.
87) 投資会社に関する詳細は、拙稿「ドイツにおける銀行業務と投資信託業務の利益相反について」『証券研究』110巻257頁以下。なお本書第

第2章　投資顧問業と私募投資信託

券特別財産の場合投資対象である有価証券は持分者ではなく投資会社の所有である。この特別財産は安全に保管されなければならない。そのために受託銀行による保管が法により要請される。しかし通常は投資会社の親会社であるユニバーサル・バンクが受託銀行となる場合が多いため、利益相反問題をおこしやすい[88]。

スペシャル・ファンドを組成するには自然人でない10名以内の持分者、投資会社及び受託銀行が必要であり、有価証券混蔵銀行である受託銀行の職務は、自らに投資された資金を封鎖口座で保管し、自らの財産とは別個に保管しなければならない。その際当該3者間で契約しておかなければならない事項は以下の通りである[89]。

① 自らの持分証券の発行価格、有価証券・オプションの購入価格の開示。
② 当該受託銀行の封鎖口座に寄託しうる投資額、及びそれを超過した場合に他の受託銀行を選択しうるか。
③ 特別財産に含まれる債務証券の処理及びそれに関する受託銀行の同意。
④ 有価証券及び新株引受権の購入（相場）価格の上限、並びに販売に際しての最低売却価格に対する支配権。
⑤ 受託銀行が投資会社に支払うのは、管理に関する報酬及び費用のみである。受託銀行への報酬は投資会社の承認があったも

　1章を参照。また、KAGGの邦語訳に関しては、拙訳「ドイツ投資会社法・ドイツ外国投資会社法」『証券研究』110巻281頁以下参照。
88)　前掲・拙稿「ドイツにおける銀行業務と投資信託業務の利益相反について」および本書第1章参照。
89)　Vgl. Kandlbinder, *a.a.O.*, S.63.

のに限る。
⑥　受託銀行は自己の名で投資会社に対する持分者の請求権を行使しうる（代理権）。また同時に受託銀行は持分者のために持分者の権利を行使する義務を負う。
⑦　またEU投資指令を国内法化した投資会社法12ｂ条により、受託銀行は以下の義務もまた負う。
　　持分証券の発行及び返還、持分価格の計算、及びファンドの収入に対する取扱も受託銀行は投資会社法に適合するように行う義務。
⑧　逆に受託銀行に対する管理を徹底するために、投資会社法12ｃ条3項は次のような権限を投資会社に与えている。
　　投資会社は自己の名で受託銀行に対する持分者の権限を行使する。このことは持分者による権利行使を妨げるものでない。
　このようにスペシャル・ファンドの当事者に法的に保護された適切さと信頼性を保証するために、3当事者間の基礎的契約（Raumenvertrag）が締結される必要がある。そして受託銀行と投資会社がお互いに監視・監督されているというのが、スペシャル・ファンドの基本的構造である。
　以上みてきたように1990年にスペシャル・ファンドが適法化されるまでスペシャル・ファンドは事実として存在してきたが、その際契約基礎約款として一括契約書、契約条項、一般約款、投資報告書及び3当事者間の基礎契約が事実上の規制として働いてきた。当局は投資信託協会（BVI）を通じて標準約款を制定したり、約款の認可を通じてスペシャル・ファンドを規制してきたといえる。

(2) スペシャル・ファンドの実際
　　　　——外国投資家向けファンドを題材として

　契約型のドイツ投資信託において、スペシャル・ファンドは事実上3者間契約及び当局による認可を経た各種約款により運営されてきた。そこでやや具体的に個別の投資会社によるスペシャル・ファンドを検討したい[90]。

　西ドイツ銀投資会社（Westdeutsche Kapitalanlagegesellschaft mdH）は、デュッセルドルフに本拠を置くドイツの西ドイツ銀行（West Deutsche Landesbank）の100％子会社である投資会社（有限責任会社）である。ドイツではユニバーサル・バンク制度であるために、銀行が証券業務を行う。また利益相反問題回避のために法制上は可能な投資信託業務を子会社である投資会社を設立して行う傾向がある。ただし独立系の投資会社も存在する。西ドイツ銀投資会社は、1969年以来営業を開始し、1994年には104億DMの預かり資産を有し、117のファンドを設定している。

　西ドイツ銀投資会社はスペシャル・ファンドの有利性に関し以下の説明をしている。

① スペシャル・ファンドは契約型であり、投資顧問の実質を有

---

[90] 以下検討する内容は、旧西ドイツ銀証券東京支店から好意で頂いた資料による。しかし顧客の信用保護の観点から記述の具体性が欠ける点はご容赦いただきたい。なお、旧西ドイツ銀証券東京支店とは、West LB証券会社のことであり、在ドイツのユニバーサル・バンクである西ドイツ銀行の海外支店であったものが香港語の現地邦人の東京支店となったものであり、西ドイツ証券会社とも略称される。わが国では銀行本体の証券兼営は認められていないため、ドイツ法人の西ドイツ銀行東京支店（West Deutsche Landesbank Tokyo Branch）と西ドイツ証券会社東京支店が分かれて営業している。

しながら公開ファンドに対するのと同一の規制を受け、投資家保護に厚い。
② 投資目標は投資家のニーズにあわせて設定することが可能で、その方針も、例えばDAXにリンクしたインデックス・ファンドというように、ニーズに合わせることが可能である。
③ 運用は西ドイツ銀投資会社の専門のマネージャーが行う。
④ 必要に応じて契約により投資委員会を設置することも可能である。この場合投資家代表、受託銀行である西ドイツ銀行の証券専門家が委員会のメンバーに加わり、情報開示及び方針に関する議論が可能である。その結果制度的に投資家は運用に対する管理が可能である。
⑤ 契約により西ドイツ銀行と提携しているエコノミストらの専門家の相談を受けることも可能である。
⑥ 運用費用はファンド財産額により決定される。また交渉により変動も可能である。例えば純粋なインデックス債券ファンドの場合3,000万DM以上の残高があれば運用料は約0.2％である。
⑦ ファンドの安全性は、KAGGの適用により、特にリスク分散の点で確保されている。また監査は西ドイツ銀行が行い、会計士による監査も受ける。
⑧ 西ドイツ銀投資会社が投資会社として活動を続ける以上銀行監督当局（Bundesaufsichtbehörde）からファンドの運用などの点について監督を受ける。
⑨ もし邦人企業が投資する場合、バランス・シートには購入価格が掲載される。当該企業がスペシャル・ファンドの持分を西

第2章　投資顧問業と私募投資信託

ドイツ銀投資会社に売る場合、販売価格と購入価格の差額に対し日本国内で課税される。
⑩　スペシャル・ファンドの持分は他の投資家に売ることが出来ない。西ドイツ銀投資会社に買い戻してもらう以外に換金の方法はない。
⑪　ドイツ国内での税金は投資家に対する配当に支払課税される。費用の控除後西ドイツ銀投資会社は30％の法人税を負担する。法人税は返還されないが、相当額の税負担額は日本国内に担保される。
⑫　配当に対しては源泉課税されない。
⑬　ファンドの終了期間を選択することにより配当支払がどの営業年度に属するか選択することが出来る。
⑭　ファンドに保有されている有価証券に対するプライスゲインを達成することにより公開されない準備金を積み立てることが可能である。

このように具体的にスペシャル・ファンドを設定する場合、契約で上記の事項を決定の上、投資家はパブリック・ファンドに比べ強い影響力を直接行使することが出来る。

（3）　不動産スペシャル・ファンドの特徴

続いて、数はそれほど多くないが[91]、不動産スペシャル・ファン

---

91)　Vgl. BVI, *a.a.O.*, S.62. によると、1997年度スペシャル・ファンド設定数3,508のうち、不動産特別財産は16であり、ファンド財産5,551億2,100万DMのうち不動産特別財産は45億500万DMである。なお、前掲の**別表**③参照のこと。

49

ドを検討する。不動産スペシャル・ファンドもスペシャルファンドである以上基本的に（1）で述べたように、3当事者間の契約により成立する投資信託である。またその契約はやはり各種の約款により成立する。そこで不動産スペシャル・ファンドの特殊性及び公開不動産ファンドとの相違点に着目して検討していきたい。

　不動産スペシャル・ファンドは公開不動産ファンド（Offene-Immobilienfonds）のように[92]、持分者から投資された金銭その他の財産を一部は不動産に、また一部は有価証券や預金に投資する私募型投資信託である。その割合はファンドにより異なるが、不動産に投資している点が有価証券ファンドと異なる。その収益は有価証券・預金利息、キャピタル・ゲインの他に、保有する不動産からの賃料収入や売買利益などが含まれる。不動産スペシャル・ファンドは持分者が10社以内の法人で、基本的に契約で投資内容を決定するが、終了期間が定められているいわゆるクローズド・エンド型のファンドである。やはり投資家の他に、受託銀行と投資会社との間の3社による契約関係がベースとなる。

　スペシャル・ファンドの設定が開始されてからしばらくは不動産スペシャル・ファンドは創られなかった。その理由はいくつかあるが、まず、①不動産ファンド専門の投資会社が少なかったことがあげられる。なぜなら通常の有価証券ファンドと比べて不動産の鑑定評価など特別の技能を必要としたために、特別のスタッフが必要であったからである。また、②有価証券ファンドに比べて不動産

---

92) 公開不動産ファンドに関する詳細は、拙稿「不動産共同投資と投資信託——ドイツの不動産ファンドを中心として」『信託法研究』22号21頁以下（なお本書第4章を参照）。

第2章 投資顧問業と私募投資信託

ファンドは収益が上がるまで長い期間を有するため、少ない投資家を対象とするスペシャル・ファンドでは安定的な運用は難しく、法人投資家の側でも短期的な収益を追求することが多いため不動産ファンドを選択する余地が少なかったといえる。同時に、③スペシャル・ファンドは基本的にクローズド・エンド方式なので、期間満了時に最終的に所有不動産を処分しなければならず必ずしも有利な時点で販売することが出来ない点も指摘される。しかもクローズド・エンド方式であるが故に、持分者は投資会社に持分の買取請求をしなければならないが、スペシャル・ファンドの場合投資家1人1人の所有単位が大きいのでもし1人が解約すると特別財産が非常に減少してしまい、その都度所有不動産を売却する必要がある。また手持ちに現金及び預金を多く保有しなければならず、不動産に投資できいる資金が限られることになる。従って時としてスペシャル・ファンドが設定されても不動産スペシャル・ファンドはほとんど設定されなかったものである。

　このような状況のなかで不動産スペシャル・ファンドを設定した投資家は主にキリスト教両派の教会であった[93]。教会はその有する資産を短期的に回転させる必要性がなかったことと、社会的に安定的な投資をする姿勢が強かったためであるとされる。

　また法的には以下の3点が特徴的である。すなわち、①不動産特別ファンドの所有する不動産の所有形態が、実際に所有するものの観点から（Herr-im-Hause-Standpunkt）特別の基準が要求されているために、有価証券ファンドはその対象が例外なく持分者の所有と

---

93) Vgl. Kandlbinder, *a.a.O.*, S.109.

されているのに対し、不動産ファンドは投資会社法30条により投資会社の所有とされている[94]。しかし法的には投資会社は持分者のために信託的に保有しているにすぎないが、登記簿上は例えば保険会社などの持分者の名義は出ることはない。

また、②不動産スペシャル・ファンドはクローズドエンド・ファンドであるので持分者の換金は投資会社に売却する必要があるが、持分者の1人1人の割合が大きいため大口の換金請求に対応できず一種の拒否権のような権利を法定することも可能である[95]。その結果持分者の売買請求権は制限されることになり、特に持分者のなかで割合的な賛成権が認められていない場合には、大口投資家の権利が害される恐れがある。

第3に、③不動産スペシャル・ファンドは投資会社法の適用を受けるが故に安全だという評価を受けることもあるが、反面投資会社法26条～37条に規定する制約、特に数的な制約を受けることになる[96]。つまり例えばそれぞれのファンドは少なくとも10以上の不動産を有し、それぞれのファンド財産に対する価格割合の上限が15％とされている点等が、実際上大きな制約となる。これらの制約はリスク分散の法則を貫徹することで、投資家のリスク軽減を図ったものであるが、反面スペシャル・ファンドにおいては解散の危機を抱えているとも評価できる。

このように不動産スペシャル・ファンドは、有価証券スペシャル・ファンドとも、公開不動産ファンドとも異なる特徴を有してい

---

94) Vgl. Kandlbinder, *a.a.O.*, S.110.
95) Vgl. Kandlbinder, *a.a.O.*, S.112.
96) Vgl. Kandlbinder, *a.a.O.*, S.112.

第2章 投資顧問業と私募投資信託

る。特に(3)で指摘してきた問題点が存在する故に、その数が非常に制限されているといえよう。

3 わが国の金融ビッグバンと私募投資信託

わが国の証券投資信託に関しては、ビッグバンの進展により資産運用サービスの強化が大きな目標の1つであった。証券取引審議会報告書によると[97]、「投資家に対しては個々の投資家の資産運用ニーズを的確に捉えたサービスの充実が、資金調達者には様々な資金調達手段等を駆使した財務構成の最適化が仲介者に期待される。」として、いわゆる私募投信が投資信託法[98]の改正により、1998年12月から認められた。わが国における私募投信とは、特定少数の機関投資家を受益者とし、投資信託委託株式会社がその資産を運用する投資信託である。投資信託法の適用がある点で従前のいわゆる私募ファンドとは異なる。法的にはいわゆるヘッジ・ファンドも国内では、金融当局の認可を受けた証券投資信託委託会社が運用するなどの一定の要件を満たした場合には私募投信となる。

ここで重要なことは私募投信はその性質上特定の少数投資家のみが出資者となるため、理論上はクローズド・エンドのものが多いは

---

97) 金融システム研究会編著『日本版ビッグバン報告書の読み方』(1997年、大成出版社) 59頁以下参照。このほか様々な文献にこのような記述が見られる。
98) いわゆる会社型投資信託が解禁されたため、正式名称が「証券投資信託及び証券投資法人に関する法律」と改正されたが、本書では投資信託法として呼称する。
99) 金融システム研究会編・前掲書61頁以下参照。

ずである。基本的に自らの持分を取引する市場がないからである。従って私募投信は、基本的に契約型のクローズド・エンド型となるはずである。この点でドイツ・スペシャル・ファンドと類似する。

また同じく投資顧問業者も投資仲介者として今後益々重要な役割を果たすとされている[99]。

投資顧問業とは顧客に対し投資顧問契約に基づき、助言を行うことを業とする営業である。今回の改正で投資顧問業者は証券業や証券投資信託業が届出をすれば可能となった（証券投資顧問業法23条1項）のと同時に、顧客から預かった資産の一任取引・勘定も認められた。少数の顧客から預かった資産を運用する点で、投資信託委託業務と共通項があるといえる。しかし投資一任業務はバブル時代にいわゆる損失補塡の温床となったことは記憶に新しいし、悪徳投資顧問業者に関連する事件が起きたのは忘れるべきではない。

このように私募投信と投資顧問業務は法的に非常に近い業務であるが、実際の運用が本章で検討した契約型の私募投資信託になることが多い点は注意すべきである。従ってわが国でもドイツのように私募投資信託に証券投資信託法及び投資顧問業法を適用し、約款を整備し、明確な基準で運用すべきである。

第3章 非公開会社(ベンチャー企業など)の新たな資金調達

問題の背景

バブルの崩壊以来日本では、長期にわたり株価が低迷している。それにより様々な弊害が指摘されているが、特に個人投資家の株式離れが顕著である。PKO（Price Keepimg Operation）と呼ばれる公的資金による株価の下支えもあまり奏功していない。これには様々な理由が指摘されているが、特に個人投資家を中心とした投資家層にとって投資に値する魅力ある株式が乏しいことが挙げられる。その最大の理由は、配当性向の低さであろうが、いままで配当性向の低さの反論として挙げられてきたキャピタル・ゲイン（有価証券売却益（capital gain））も景気が低迷したままの状況では期待できない。このままでは資金が資本市場から遠のき、上場企業の資金調達が困難となるだけでなく、株式会社制度の存在まで否定されかねない。この問題は、将来の成長産業となるべき中規模の先端技術産業の資金調達にとっては、特に深刻である。

　この分野の資金調達に関しては、従来銀行借入れの他に、ベンチャー・キャピタル（Venture Capital）が存在した。しかしベンチャー・キャピタルは、余りにハイリスクで、しかも現状ではベンチャー・キャピタルのスポンサーはほとんどが金融機関であることから、資金や人員派遣などを通じて間接的に金融機関の支配が強まる恐れがある。

　一方ドイツの投資信託は、公社債に関連するものが中心であり、

規模も米国や日本と比較して決して大きいとはいえない。これは、税制などの理由で、ドイツの株式会社の数が日本に比べ極端に少ないことにより、株式市場などが余り発達していないことなどが理由として挙げられるであろう[100]。しかしドイツにおいても、最大の資金の貸し手である労働者層（家計）から資金を集めて、効率よく資金の借り手である企業に配分する必要があったので、ドイツ政府は様々な優遇措置を通じて、労働者層に魅力ある投資対象を提供することにより、資金配分の促進を図っている。そのうちの1つとして参加持分投資信託ファンドが挙げられるが、それは1986年第2次財産参加法（Zweites Vermögensbeteiligungsgesetz）の一部として投資会社法が改正されたときに創設されたものである[101]。参加持分投資信託の基本的な仕組みは、投資家から集められた資金により参加持分特別財産（Beteiligungs-Sondervermögen）が形成され、その特別財産の一部が、特定の企業の未発行株式等の資本に匿名組合として参加するものである。参加持分投資信託ファンドとは、いわば投資家の資金によるベンチャー・キャピタル・ファンドである。

---

[100] ドイツに株式投資が余り発達しない原因に関して、元ドイツ連邦銀行東京事務所長であるペーベン（Päben）氏は、著者のインタビューに答えて、①ドイツの金融機関はユニバーサル・バンク制をとるので、同一店舗内で銀行業務の窓口と証券業務の窓口が並んでおり、銀行側は銀行業務で顧客に対応をしようとする。
②ドイツでは社会保障が充実しているので、米国のように富裕層が自らの資産を自分で守る必然性が乏しい。③ドイツでは第1次大戦後のハイパー・インフレへの反省から伝統的にインフレに対して警戒観が強かったので、金利が高く推移しそれにともない預金金利が高金利で十分魅力あるものであった、を指摘した。

[101] Vgl. Bundestag Drucksache 10/5981, S.1 ff. なおKAGGの邦訳としては、拙訳「投資会社法」『証券研究』110巻281頁参照。

第3章　非公開会社(ベンチャー企業など)の新たな資金調達

　また視点を再びわが国に転じてみると、バブルの崩壊により、資本市場からの直接金融がうまく機能していない一方で、間接金融についても銀行の貸し渋り(Credit Crunch)が指摘されており、企業の資金調達の困難さが深刻度を増している。そこで新たな資金調達の方法を探る動きが広がっている。例えば平成4年に成立したいわゆる特定債権法(特定債権等に係る事業の規制に関する法律)においては、企業が保有する特定債権を小口化して一般投資家に販売することにより、企業が資金調達できるようになった。その際に投資家は、民法上の組合(民法667条以下)と並んで商法上の匿名組合(商法535条以下)を形成することもできるようになった[102]。また平成3年に成立したいわゆる商品ファンド法(商品投資に関わる事業に関する法律)においても、業者が多数の投資家から出資された資金によりファンドを設立して、専門家が投資をするという投資信託類似の投資方法が創られている[103]。この中でも投資家のファンド契約に関して商法上の匿名組合を採用するという方式も検討されている。このように現在のわが国においては、一般投資家が匿名組合方式により資金を出資し、専門家が特定の対象に対してその資金を運用するという新しい証券投資信託類似の投資の仕組みがでてきている。この点でもまた、匿名組合により資本参加をする参加持分投資信託ファンドを研究する意義があるであろう。

　本章の目的は、ドイツの参加持分投資信託ファンドを検討するこ

---

[102]　資産流動化研究会『特定債権法』(商事法務研究会、1994年) 12〜13頁参照。
[103]　商品ファンド法研究会『商品ファンド法の手引』(大蔵財務協会、1992年) 16頁参照。

とにより、深刻な状況にある先端技術産業の中企業の資金調達に関して新しい解決策を呈示すると同時に、資本市場離れした個人投資家に対し魅力ある投資商品を提供し、その資金を株式市場に流入させるために、投資信託の新たな機能を指摘することである。

1 参加持分投資信託ファンド (Beteiligungsfond) の法的構造

(**1**) 参加持分投資信託ファンド (Beteiligungsfond) とは何か

ドイツには、投資の対象により分類すると有価証券ファンド、及び不動産ファンドが存在した。それ以外にはその分類に当てはまらない参加持分特別財産による参加持分投資信託ファンドが存在する (KAGG 25 a 条以下)。KAGG 25 a 条以下は、1986年第2次資本参加による労働者の財産形成の促進法 (Zweites Gesetz zur Förderung der Vermögensbildung der Arbeitnehmer durch Kapitalbeteiligungen) (以下第2次財産参加促進法と略す) により、1986年に KAGG が改正されて設けられた規定である[104]。

その仕組みを簡単に説明すると、参加持分特別財産は他の特別財産と同様に投資家から払い込まれた資金によりつくられた特別財産であるが、その特別財産の30％を上限として、中規模の非公開会社の株式その他の持分を取得することを目的とするものである。その際に参加持分特別財産からの資金は、匿名組合として被参加会社の資本に参加する[105]。その他の70％の資金は、リスク分散の原則に従い銀行預金その他の有価証券に投資されるものである。そのよ

---

104) Vgl. Bundestag Drucksache 10/5981. S.22 ff.
105) Vgl. Assmann/Schütze, a.a.O., S.555 (Baur).

第3章　非公開会社（ベンチャー企業など）の新たな資金調達

うな特別財産の持分証券を販売することにより、資金を集めるのが参加持分投資信託である。以下分説する。

元来匿名参加持分とは、ドイツ商法典（Handelsgesetzbuch；以下 HGB と略す）230条の意味における匿名組合（stille Gesellschaft）として、商人の商行為に対して参加をするものである（KAGG 25 a 条）。この規定における商人とは、HGB 1条2項にいう営業領域における全ての商人、即ち HGB 4条の小商人（Minderkaufmann）、HGB 2条にいう商業登記簿に登記された商人（Sollkaufmann）及び HGB 3条の任意的商人並びに HGB 6条の商事会社（合資会社〈KG〉及び有限会社〈GmbH〉等を含む）が対象となる[106]。この場合商業登記簿に未登記の手工業や芸術に関する企業は、HGB 1条2項に該当したとしても、対象とはならない。

この際に形成される匿名組合は、同意権は有するが一般的な共同決定権（Mitbeschtimmungsrecht）はない典型的な（typische）匿名組合であり、組合員の中で共同企業体（Mitunternehmer）をつくるような非典型の（atypische）匿名組合でない[107]。

重要なのは何故匿名組合という法形態で資本参加をする必要があるかということであるが、これについてはアスマン（Assmann）教授は以下のような理由を挙げて説明している[108]。すなわち前途有望ではあるが証券発行による資金調達能力の無い中規模の企業が、第三者である出資者によるディスクローズを好まない場合にも、出

---

106) Vgl. Assmann/Schütze, *a.a.O.*, S. 555 (Baur). なお、典型の匿名組合と非典型の匿名組合に関しては、本章 2 (2) を参照のこと。
107) 筆者は Tübingen 大学 Assmann 教授に本文の問題について質問をしたが、本文はその回答による。
108) Vgl. Assmann/Schütze, *a.a.O.*, SS.555-556 (Baur).

資者は匿名で資本参加できる。このことは逆に出資者の側にも、匿名で出資できるというメリットがある。次いで出資された企業は、その投資と自らの資本を有限責任のジョイント企業にする必要がないことが挙げられる。しかも匿名組合であるから、法律上資本会社（Kapitalgesellschaft）ではなく、人的会社（Personengesellschaft）として評価される。

　ところで参加持分特別財産の財産構成を詳しく検討するためには、有価証券特別財産と比較すると理解しやすい。参加持分特別財産の対象物は、有価証券と匿名参加持分であり（KAGG 25 b 条 1 項）、匿名参加持分の上限は当該特別財産価格の 30％である。その他の特別財産は株式や債券及び銀行預金としなければならない。それにより、持分所有者の払い戻し請求にも対応できる。そのほかに有価証券の取得に際しては、確定利付き有価証券（Festverzinsliche Wertpapier）の取得もまた 30％までに制限されている。リスク分散の法則を貫徹するためである。

　匿名参加持分は、参加持分特別財産の価格の 30％以内でなくてはならないが、同時に下限もまた規定されている。つまり匿名参加持分は、参加持分特別財産の設立後 8 年経過後に、少なくとも 10 の企業の資本に参加していなければならず、しかもその価格は少なくとも特別財産全体の 10％を超えていなければならない（KAGG 25 e 条 1 項）。もしそれ以下であると、通常の有価証券特別財産の構成と異ならなくなるからである。またもし当該特別財産が前述の基準を下回りかつ投資会社がその不足額を 1 年以内に是正しない場合には、投資会社は当該特別財産の持分証券を発行することができない。前述の不足額が 2 年以内に是正されない場合には、銀行監督当局

第3章　非公開会社（ベンチャー企業など）の新たな資金調達

(Bankaufsichtsbehörde) は投資会社に対し投資会社による特別財産管理の解約を求めることができる（KAGG 25 e 条 2 項）。これらの規制により参加持分特別財産は、通常の有価証券特別財産とは異なる。

反対に参加持分特別財産により匿名組合として資本参加をされる企業（被参加企業（Beteiligungsunternehmen））にもまた制限がある。つまり被参加企業には、証券取引市場から資金調達能力のある企業は含まれない。すなわち今まではその組織形態及び規模などの理由により整備された資本市場にアクセスすることができなかった企業が、一般投資家から支払われた資金によりつくられた参加持分特別財産を通じて資金調達することが可能となったのである。言い換えると中規模の企業に対しても、投資家は匿名で投資信託を通じ当該企業の資本に参加することができるようになった。逆にこのような企業の側からしても、今までは不可能であった一般投資家からの資金調達が可能となったのである。

また特定の企業に対する過剰な参加を防ぐために、同一企業に対する匿名持分の価格は、当該特別財産全体の価格の 5％を超えることはできない（KAGG 25 b 条 2 項）。この点でもリスク分散の原則が妥当している。しかし割合に関する制限は存在するが、絶対額に関する制限はない[109]。有価証券特別財産としては、同一発行企業の株式等の有価証券の取得は 10％に制限されているが（KAGG 8 条 4 項）、匿名持分に対しては、それよりも厳しい 5％の制限が貫徹されると考えられる[110]。投資対象としては、中規模会社の資本に対する匿名持分は、上場基準等をクリアした有価証券よりもリスクが

---

109) Vgl. Assmann/Schütze, *a.a.O.*, SS.555-556（Baur）.
110) Vgl. Assmann/Schütze, *a.a.O.*, S.556（Baur）.

大きいからである。ここで問題となるのは、いわゆるコンツェルン企業に対する持分の取得である。株式法18条にいうコンツェルン企業の参加は同一企業の参加とみなされる。この場合にもし参加持分特別財産が同一のコンツェルン企業の有価証券及び匿名持分を取得した場合には、10％の制限が適用される。

　一方、参加持分特別財産の持分を取得できる投資家は、個人投資家が中心であるが個人に限定されない。中心はもちろん個人投資家でありこの際に財産形成の枠内で投資の税法上の優遇措置が予定されている[111]。個人投資家以外で注目されるのは、前述のようなメリットを使い、所得税法19a条により経営者が自らの企業に匿名的に参加をすることが法律的に可能となったことである。また、保険会社も参加持分特別財産の持分を取得し間接的に中規模の証券発行能力のない企業に資本的に参加することが事後的に認められた。ドイツではユニバーサル・バンクを除いては、保険会社が最大の機関投資家だからである。

　参加持分特別財産が一般企業に資本参加する場合には、投資会社は被参加企業との間ので参加契約（Beteiligungsvertrag）を締結しなければならない。参加持分特別財産はドイツ国内の企業に匿名参加できるが、この場合に匿名組合がいつ成立するかというと、特約が無い限り当該匿名組合は投資会社と参加企業が参加契約を締結した時点で成立する。そのような参加契約は投資家保護の観点からは、契約内容に関して統一的な法的基準が有ることが望ましいから、それについてはKAGG 25c条で規定している。同条にはいつ匿名持

---

　　111)　Vgl. Assmann/Schütze, *a.a.O.*, S.556 ff.（Baur）.

第3章　非公開会社（ベンチャー企業など）の新たな資金調達

分が引き受けられるか、または参加企業に HGB 267 条 3 項にいう大資本会社（groß Kapitalgesellschaften）に適用される厳しい基準で決算を公開する義務などについて規定されている。また明文で規定されてはいないが、当該参加契約は文書で締結されなければならない。なぜなら、そうしないと受託銀行は KAGG 25 c 条 1 項 2 文に定められた支配権能を維持できないからである。また全ての参加契約がその内容全てを含む必要はない。KAGG 25 c 条 1 項は最小限の内容を規定する。現在の契約内容条項は、KAGG 25 g 条 2 項により締結され、その後の変更は受託銀行が検査しなければならない。投資会社の業界団体である BVI により、参加契約の標準ひな型が検討されているが、1994 年 8 月現在まだ完成していない[112]。KAGG 25 c 条の最小限条項に加えるように意図されたのは、匿名参加の期間、払込の満期、処分の前提条件、投資会社の交代に際しての既に分配された譲渡の同意権、拡大した参加企業に対する計算書作成規定、及びバウルによれば匿名参加契約を締結する際に締結の準備に対する妨害の停止、そして投資会社の組合契約参加に対する検査の可能性である。さらに KAGG の中には、持ち分者の権利保護のための投資会社の知る権利、支配権そして同意権がある（HGB 233 条参照）。

　また受託銀行は、具体的な参加契約の中に、法律で規定している条項が含まれているかを監視しなければならない。難問は、匿名持

---

112)　1994 年 8 月に BVI に確認をしたが、まだひな型は完成していないとのことであった。なお、1994 年 12 月現在参加持分特別財産形成の申請は、まだ一つもなされていない。

113)　Vgl. Assmann/Schütze, *a.a.O.*, SS.564-565（Baur）．

63

分の評価である[113]。KAGG 25 d 条にしたがった評価規則は、1988年12月に発効したが、不完全である。KAGG 25 c 条に明文で定められているのは、匿名組合の終了に際し、投資会社が参加企業の財産価格の変更に参加しなければならないという規定は無効であるということである。その問題とは別に返還価格の調査に関しては、秘密準備金及び企業価値を実際に明らかにする必然性が生じるが[114]、このことが匿名持分の評価を難しくしている理由の1つとなっている。そうしないと実際の企業価値を測定するのが困難となるからである。

このように持分参加特別財産とは、特別財産の価格の30％を上限として、ドイツ国内に営業本拠を有するが、自ら発行する有価証券によっては資本市場から資金調達能力の無い中規模の企業に対し、株式などの未上場持分の取得により、当該企業に匿名組合として資本参加する特別財産のことである。その際に投資信託のリスク分散の原則に基づき、残りの70～90％の特別財産は他の有価証券や銀行預金等に分散投資される。そして持分投資信託ファンドとは、持分参加特別財産の持分を有価証券化したファンドのことである。換言すると、参加持分投資信託ファンドとは、1つのファンドで複数の中規模の証券発行能力のない企業の資本に参加することを目的とするファンドのことである。

（**2**）　参加持分投資信託ファンドと類似の機能を有する機関

参加持分投資信託ファンドは、大衆投資家等から集めた資金を、30％を限度として証券発行能力の無い企業の未発行株式持分に投資

---

114)　Vgl. Assmann/Schütze, *a.a.O.*, S.565 ff.（Baur）.

第3章 非公開会社（ベンチャー企業など）の新たな資金調達

するものであったが、ドイツにはこのように未発行持分を取得することを目的とするファンドないし機関が複数存在する。すなわち、いわゆる資本参加会社（Kapitalbeteiligungsgesellschaften）及びベンチャー・キャピタル会社（Venture Capital-Gesellschaften）並びに企業参加会社（Unternehmensbeteiligungsgesellschaften）である[115]。

資本参加会社がドイツにおいて初めて設立されたのは、1965年であり[116]、その時設立されたアルゲマイネ・カピタルユニオン（Allgemeine Kapitalunion GmbH & Co. KG）は、10の銀行により設立されたものであった。その後他の銀行や貯蓄機関により、特に70年代の前半に相次いで資本参加会社が設立された。資本参加会社の目標は、最初は高収益力の可能性のある企業に、少数持分者としての参加（Minderheitsbeteiligungen）をして経営上のアドバイスを行い、その後会社の経営が順調になったときに株式公開と似たような方法で大衆に資本を公開することである。

次にドイツにおけるベンチャー・キャピタル会社は、特に米国におけるベンチャー・キャピタルの成功により、1970年代の終わりから1980年代の始めにかけて、初めて設立されたものである[117]。資本参加会社とは異なり、ベンチャー・キャピタル会社は、特に歴史が浅くて技術革新的で成長可能性のある企業に、リスクを省みずに資本参加することを目的とした。資本参加会社とベンチャー・キャピタル会社に共通しているのは、ともに自己資本により融資し

---

115) Vgl. Assmann/Schütze, a.a.O., S.873（Otto）.
116) Vgl. Assmann/Schütze, a.a.O., S.875（Otto）.
117) Vgl. Assmann/Schütze, a.a.O., S.876（Otto）.

ていることである[118]。すなわち共通のメルクマールは、共に自己資本の供給という方法により、企業財務に参加をするということである。

以上とは別に、1986年企業参加会社法（Unternehmensbeteiligungsgesellschaftengesetz 以下 UBGG と略す）による企業参加会社がある[119]。同法による企業参加会社は、不完全な自己資本しか持たない中規模の未上場の企業に対し、広汎な大衆による間接的な資本参加が可能な仕組みを創ることにより、資金調達能力を向上させることを目的とするものである。企業参加会社には、株式会社形態しか認められていない（UBGG 2 条 1 項）。すなわち一般投資家は企業参加会社の株式を取得することにより、間接的に証券発行能力の無い企業の資本に参加するものである。企業参加会社は、前二者と異なり、労働者の資本を再投資させることを目的としたものである。その立法目的の1つは、労働者に少しでも特色ある投資対象を提供することにより、投資を促進させることである。

重要なことは、これらの企業には、参加持分投資信託ファンドとは異なり、リスク分散の原則が適用されないで投資されることである。これは、ファンドとして集めた特別財産の一部しか証券発行能力の無い企業に資本参加しない参加持分投資信託ファンドと比べて、著しくリスクが高いことを意味する。しかも資本参加会社とベンチャー・キャピタル会社のスポンサーは、金融機関であることが多いから、間接的な金融機関による資本支配につながる可能性がある。また資本投資会社とベンチャー・キャピタル会社には、個人投資家

---

118) Vgl. Assmann/Schütze, *a.a.O.*, S.874 (Otto).
119) Vgl. Assmann/Schütze, *a.a.O.*, S.886 (Otto).

第3章　非公開会社（ベンチャー企業など）の新たな資金調達

を念頭に置いていないので、参加持分投資信託に認められている税法上の優遇措置が認められていないことも重要な点である。

以上のように(2)では、参加持分投資信託ファンドと機能が似ている機関について検討してきたが、次に参加匿名持分ファンドの創設のもとになった1986年第2次財産参加法（Zweite Vermögenbeteiligungsgesetz）の背景を検討し、なぜこのようなファンドが創設されたかという問題について検討する。

2　参加持分投資信託ファンド創設の背景と労働者の資本参加（Kapitalbeteiligung）

(1)　第2次財産参加法制定の背景

ドイツでは1950年代初め以降安定的な所得向上の結果、国民各層の貯蓄能力が増大した。それにもかかわらず、税負担もまたそれにともなって増大したので、総賃金の増加は純所得の増加をもたらさなかった。また一方で、特に1960年代の中ごろから、所得の増えた国民層は、銀行預金に変わる新たな貯蓄を求め始めた[120]。その際に投資決定に最も寄与したのは、税法上の特典（Steuerbegünstigen）であった。具体的には、特別減価償却（Sonderabschreibung）及び損失の割当（Verlustzuweisungen）の控除による特典が富裕層の注目を集めた。その中で中規模の企業に資本的に参加することは、いわゆる負の収入すなわち減価償却、評価の下落、無税の引当等を伴った投資であり、損金として計上することが可能であった。また他方

---

120) Vgl. Assmann/Schütze, *a.a.O.*, S.752 (Wagner). なお本章注100)参照。

で富裕な投資家層は様々な不動産及び不動産類似の権利に対しても、同様の理由により、投資を増やしていった[121]。つまりこの時期に、特にドイツの富裕層は、税金対策のために、負担を伴う投資を始めたといえる。

　その結果特に以下の3つの領域において、投資家の帳簿上損金として計上できる投資が重点的に行われた[122]。すなわち ① 営業上の人的組合（Personengesellschaften）の持分取得、つまり有限会社及び合資会社並びに非典型の（atypische）匿名組合の持分の取得である。次に、② いわゆる財産管理上の（vermögensverwaltenden）人的組合に対する投資が挙げられる。最後に ③ 住居所有権及び一戸建て住宅の購入が挙げられる。この中では、特に営業上の人的組合に対する投資が関心を集めたことが注目される。

　このような背景のもとで、特に富裕な資本家層の人的会社に対する資本参加がその規模を拡大したわけであるが、それにともなって労働者層に対しても同様の機会を提供しようという動きがドイツ国内で見られた。1983年度の経済報告の中で連邦政府により、労働者による投資の促進という財産政策が発表されたことにより、1983年財産参加法（Vermögensbeteiligungsgesetz）が制定された。この中では、すでに注目を集めていた労働者層の資本参加の促進は一層強化された。そしてそのような資金は、とりわけ中規模の企業におけ

---

[121]　Vgl. Assmann/Schütze, *a.a.O.*, S.752（Wagner）
[122]　Vgl. Assmann/Schütze, *a.a.O.*, S.752（Wagner）.特に③に関連して、富裕な投資家層の他に保険会社等の企業も複数で私的非公開不動産ファンド（geschlossene Immobilienfond）を組織し、人的会社の一種として税法上のメリットを享受していたことが背景にある。
[123]　Vgl. Bundestag Drucksache 10/5981. S.22 ff.

第3章 非公開会社（ベンチャー企業など）の新たな資金調達

る間接営業外的な参加の方法により拡大されるべきとされた[123]。なぜならそれまでは、労働者層に対しては、証券発行能力のあるわずかな巨大企業の株式等しか、投資の対象として考慮されてこなかったからである。

反対に労働者層の財産形成の手段という面から投資をみても、銀行預金のほか超優良企業に対する投資及び国の発行する債券ぐらいしか考慮されてこなかった[124]。また1970年代に入って、損害貯蓄、生命保険貯蓄及び住宅貯蓄に関しては注目されてきたが、中規模の企業に対する資本参加に関しては、一部の富裕層のように税法上の利得を享受するための資本参加は、労働者層には1980年代前半に至るまでは、余り考慮されなかった。

しかし産業界は、新たな資本の源を見つける必要があったので、前述のような資本投資に対する税制の優遇措置を、一部の富裕層だけのものとはせずに、労働者層に拡大し、資本家層を拡大することを要求した。このようにドイツにおいては、税法上の優遇措置が投資信託のみならず、富裕層及び労働者の資本参加を促進するのに決定的な影響を与えた。そしてユニバーサル・バンク制であることの影響の一つとして、労働者にとって銀行預金の他に魅力ある貯蓄手段が無かったことが、大衆資金を企業資本に向けた一因であることが指摘できるであろう。

（2） 第2次財産参加法の立法目的及び概要

前述のように、ドイツにおいて労働者層の資本参加が必要であると

---

124) Vgl. Bundestag Drucksache 10/5981. SS.22-24.

されてきたが、それは立法草案においては、以下のような目標を達成するためであるとされた。

第1に労働者の資本参加を促進することにより、同時に企業の自己資本を強化し、それはまた同時に新たな投資を生み出す可能性があるということである。さらに企業に投資をするということは、経済活動を活発化し、間接的に労働機会を増大させ、最終的には労働者自身の利益にもなることを意味する。そして最終的に企業資本に対するそのような投資が、市場経済システム全体の発展に貢献をしたことも意味する。

第2に財産形成という観点からは、預金金利を超えるハイリターンの投資対象を労働者に提供することが可能となったということである。しかもその商品は、リスク分散の観点から、ハイリスクを低減させるというメリットも有している。

第3に企業支配という観点からは、それまでの銀行を中心とした一部の企業及び資本家による資本の独占を防ぐことが可能になるということである。

このような立法目的を有した第2次財産参加法は、労働者の資本参加の方向を初めて立法化するという重要な意味を有していた。そこで同法による改正の内容を見ると、投資会社法の改正[125]の他に以下のような法律の改正を含んでいた。すなわち① 第4次財産形成法(Vierten Vermögensbildungsgesetz)の改正法[126]、② 所得税法の改正法[127]、③ 住宅建設助成金法(Wohnungsbau-Pramiengesetz)の改正法[128]、④ 公務員、裁判官、職業軍人及び期限付軍人に対する有

---

125) Vgl. Bundestag Drücksache 10/5981, S.15 ff.
126) Vgl. Bundestag Drücksache 10/5981, SS.5-12.

第3章　非公開会社（ベンチャー企業など）の新たな資金調達

効財産(vermögenswirksame)的な給付に関する法律の改正法[129])、⑤保険会社監督法（Versicherungsaufsichtsgesetz）の改正法[130]である。これらの改正法の内容から判断すると、ドイツ政府は税法だけでなく住宅や恩給的な給付及び保険などの改正という様々な手段を行使して、資本投資を促進しようとしているといえる。

　これらの改正のなかで、投資会社法KAGGの改正も行われた。その概要は以下の通りである。まずKAGG1条1項の特別財産の取得対象として、新たに匿名持分が加えられるとともに、KAGG25a条以下の新法により、参加持分投資信託ファンドがつくられた。それに伴い、税法に関する43a条以下が新設された。またKAGGの改正に関して強調されたのは、参加持分投資信託の許容及び有価証券以外に参加持分を保有することを可能にした特別財産の対象物の拡大により、企業参加会社法UBGGと並んで初めて広範囲に大衆投資家に対し間接営業外的に、通常では直接参加が不可能な非上場の中規模の企業に対して資本参加が可能となった[131]ことである。

　この政府草案に対しては、投資家保護の見地から次の点で改正が行われた。つまり、①会計士により、匿名持分取得の際に取得契約（参加契約）の内容が適当であるかを確認されること、②大資本会社の基準で決算書をつくるという参加企業の義務、③投資会社による匿名持分の価格以下の売却に対する無制限の禁止、④参加

---

127)　Vgl. Bundestag Drücksache 10/5981, SS.12-15.
128)　Vgl. Bundestag Drücksache 10/5981, S.18.
129)　Vgl. Bundestag Drücksache 10/5981, S.18.
130)　Vgl. Bundestag Drücksache 10/5981, S.19.
131)　Vgl. Bundestag Drücksache 10/5981, S.21 ff.

契約の中で、HGB 233 条の匿名組合に関係する知る権利、支配する権利、同意する権利を約定する投資会社の責任、⑤ 特別財産中に、最低目的物を所有する責任、さらにこの必要条件が満たされない場合の監督法に基づく投資会社の責任に関する事項が KAGG の中に規定された。

　以上のように、KAGG の改正は第 2 次財産参加法の一つの内容として盛り込まれたものである。本章 2 で論じてきたように、第 2 次財産参加法は、労働者による資本参加（Kapitalbeteiligung durch Arbeitnehmer）を目的としたものであった。そのなかで KAGG の改正は、新たに投資信託の枠組みの中でリスク分散と投資家保護を図りながら、労働者の資本参加、特に有価証券発行能力のない中規模の企業に対する資本参加を促進するものであった。その資本参加の方法は、匿名組合による参加である。次には匿名組合による資本参加の法的性質について検討する。

3　匿名組合による資金調達と資本参加

（1）　匿名組合による参加の法的構造の変化

日本では商法上の組合である匿名組合は、民法上の組合と比べ、様々な企業活動に適した特徴があるといわれている[132]。例えば民法上の組合は、組合員が全員で組合債務につき個人財産をもって直接無限責任を負い、同時に原則として全員が業務執行の権利義務を

---

132)　このことを指摘する文献は多いが、ここではさしあたり西原寛一『商行為法』（有斐閣、1985 年）175 頁以下、平出慶道『商行為法』（青林書院、1989 年）322 頁以下を挙げておく。

第3章　非公開会社（ベンチャー企業など）の新たな資金調達

有することになる（民法670条3項）。さらに民法上の組合には独立した法人格は与えられないから、組合財産は組合員全員に合有的に帰属することになる。これは取引関係にも当てはまり、取引の目的である商品も組合員全員の所有関係を認めなければならず、法律関係は非常に煩雑となるので、民法上の組合はその性質上企業活動には適さないとされている。

これに対して日本における匿名組合は（商法535条）、民法上の組合が企業形態に利用されるために、商法上の加工を受けた一例とされている[133]。すなわち匿名組合においては、出資者たる匿名組合員が背後に隠れ、対外的には営業者の個人企業として外に現れるのである。しかし匿名組合は日本においては戦後の一時期を除いてほとんど利用されてこなかった。

一方ドイツではもともと匿名組合の法形態は、日本と比べて盛んに使われてきたが、企業の資本に対する参加に関してもこの形態が使われてきた[134]。例えば匿名組合の内部で、有限会社が営業者となり、他方で有限会社の社員が匿名組合員となる事例がみられる。一方参加持分投資信託ファンドにおいては、一般投資家から特別財産として集められた資金を、投資会社が中規模の企業の資本に参加契約（KAGG 25 C条）を結び、匿名組合として当該企業に資本参加するものであったが、ドイツでは単にそれに留まらず、匿名組合が広く有力な資本調達の一方法として使われてきた。

また一般にドイツでは、匿名組合と並んで公開合資会社（Publikums-KG）もまた、人的会社であるので税法上のメリットを

---

133)　西原・前掲書175頁参照。
134)　Vgl. Assmann/Schütze, *a.a.O.*, S.808 ff.（Wagner）.

享受できるため、資本の集中にとって適した法形態であると言われてきた。その中でも特に重要な形態は、有限合資会社（GmbH & Co. KG）である。その理由は有限合資会社は、持分者である社員は有限責任しか負担しないが、同時に人的会社が享受する税法上のメリットを有したからである[135]。

他方ドイツにおいては、資本参加に際しての匿名組合の法的性質についても、見解の対立があった[136]。同様に日本でも匿名契約は、主たる営業主（Geschäftsinhaber）と匿名組合員（stiller Gesellschafter）の間の二面的契約であるとされ、もし営業主が多数の出資者と同一内容の組合契約を結んだとしても、それは組合員の数だけ匿名組合が存するのみで、出資者相互には何も関係が無いとされている[137]。この点についてはドイツでも以前は同様の見解が主張され、それによると匿名組合は常に二層式（zweigliedrig）であったとされているが、連邦通常裁判所は、判例を変更して単一的な（einheitlich）匿名組合を許容をしている[138]。これによると、匿名組合契約において、多数の契約を統一するような契約の存在が認められた。その結果、依然主張されていた二層論（Zweigliedrigtheorie）

---

[135] Vgl. Assmann/Schütze, a.a.O., S.808ff.（Wagner）.この問題に関しては、ドイツでは前述の私的非公開不動産ファンドと並んで、損益通算会社（Abschreibungsgesellschaft）がこの合資会社の税法上のメリットを活用することにより、投資家に莫大な利益をもたらしたことにも言及しておきたい。

[136] Vgl. Assmann/Schütze, a.a.O., S.809（Wagner）.

[137] 西原・前掲書、176〜177頁参照。但し、出資者相互間で民法上の組合となることは可能である。

[138] Vgl. BGH Neue Juristische Wochenschaft, 1978, S 424.
Vgl. Assmann/Schütze, a.a.O., S.809-810（Wagner）.

第3章　非公開会社（ベンチャー企業など）の新たな資金調達

に基づいた組合員の数だけ匿名組合が存在するという考えはドイツではもはや有力ではなくなった。

（2）　典型的な匿名組合と非典型の匿名組合

ドイツにおいて匿名組合は、資本調達の目的に応じて典型及び非典型のいずれかを採用することができる[139]。また典型及び非典型の匿名組合の間では、登記義務の有無により匿名組合間の法形態を自由に選択できるという形成の自由（Gestaltungsfreiheit）により、匿名組合に対する税法上の課税要件についての柔軟な適用を可能にした。言い換えると典型及び非典型の匿名組合の形式を自由に選択できることが、ドイツにおいて匿名組合という法形態を頻繁に利用させた一因である。

また匿名組合は、ドイツにおいては組合財産または総有財産がない人的組合（会社）（Personengesellschaft）であり、同時に内部組合（Innengesellschaft）である。しかし全ての内部組合は匿名組合である必要はない。つまり全ての匿名組合は内部組合であり、いわば匿名組合は内部組合の1つの種類である。匿名組合の中でも匿名組合員は払込をする義務があり、利益に対して参加をするのみならず、業務執行及び主たる組合員の組合財産に対してさえも参加できるものがある。これが非典型の匿名組合である[140]。典型的な匿名組合が資本的にのみ参加できるのに対し、非典型の匿名組合において

---

139)　例えばそのほかに匿名有限会社（GmbH & Still）等も存し、有限会社内部で資本調達のために匿名組合が存在する（Vgl. Assmann/Schütze, *a.a.O.*, S.815（Wagner））。

140)　Vgl. Assmann/Schütze, *a.a.O.*, S.810 ff.（Wagner）.

は、内部的には営業主とその他の匿名組合員との共同の危険に基づいて商行為が行われる。税法上は非典型の匿名組合員の地位は、有限責任社員の地位と同一視される。そのために非典型の匿名組合員は、所得税法15条1項1文2号の意味における共同企業者（Mitunternehmer）とみなされる[141]。この場合の共同企業者性（Mitunternehmerschaft）が認められるためには、ドイツ連邦財務裁判所は全員に「共同企業者のリスク」があること、及び全員に業務執行についての「共同企業者のイニシアチブ」がある、という2つのメルクマールが必要とした。そのメルクマールが必要とされるのは、とりわけ匿名組合員が現存利益に積極的に関与した場合である。なぜなら匿名組合員の方が有限責任社員と比べて支配権をより自由に行使することができるからである。

　また匿名組合は他の法形態と多くの点で類似する。例えば日本においても匿名組合は、共算的消費貸借（partialirisches Darlehen）と類似するとみる見解もある。そこにいう共算的消費貸借とは、通常の消費貸借ではなく、消費貸主に対し確定利息の代わりに、または確定利息と共に利益を配当するものである。つまり共算的消費貸借とは、消費貸借の性質をもちながら、他方で営業に対する利益参加を伴うものである。その点匿名組合との区別が困難になるが、その点西原教授は、「契約の全趣旨からみて、単なる元本の利用返還にとどまらず、ある程度の企業参加の実のあるもの、特に出資者に監視権を認めるものは、匿名組合と解すべきである」としている[142]。

　一方ドイツにおける議論では、匿名組合は共通の目的と営業主に

---

141)　Vgl. Assmann/Schütze, *a.a.O.*, S.810-812（Wagner）.
142)　西原・前掲書178頁参照。

第3章　非公開会社（ベンチャー企業など）の新たな資金調達

よる営業行為の範囲を結び付け、この目的に結び付けられた範囲内で払い込まれた資金を営業主に任意に使用させることができるのに対し、共算的消費貸借に基づく金銭寄託には、この共同目的性が無い[143]、とされている。しかも匿名組合には監査権があるが（HGB 233条）、一方共算的消費貸借にはない。匿名組合には損失参加がなされるときがあるが、共算的消費貸借には損失参加の可能性はない。また匿名組合員は自らの出資を共同の目的に適合するように使うことを求めることができるが、共算的消費貸借には共同の目的が欠けているため、それができない。当該法律関係の解約に関しても、匿名組合の場合には、組合員が死亡した場合などを規定するHGB 234条1項の限度でのみ可能であるが、共算的消費貸借では、ドイツ民法典 BGB 692条2項の3ヶ月の短期解約告知期間が存する。また共算的消費貸主は、消費借主が破産した場合には、自らの債権者としての性格が強調され、自らの債権を全て破産債権（Konkursförderung）として主張することができる。それに対し匿名組合員である出資者は、債権者としてではなく組合における持分者として、破産財産の分配時には損失を除いたあとの財産から出資の払い戻しを主張できるに過ぎない[144]。

　このようにドイツにおいて匿名組合は、税法の問題と絡んで、投資の手段としては重要な意味を持っている。現在わが国でも匿名組合を用いて投資をする法形態が脚光を浴びてきていることは既述したが、ドイツでは特に資本投資において、匿名組合単独で、または

---

143)　Vgl. Assmann/Schütze, *a.a.O.*, S.810-812（Wagner）.
144)　Vgl. Assmann/Schütze, *a.a.O.*, S.810-815（Wagner）.

他の法形態と組み合わせて[145]使うなど、匿名組合は非常に重要な地位を占めているといえる。

4　参加持分投資信託ファンドと資金仲介機関

（1）　参加持分投資信託ファンドの特徴

本章では、ドイツにおける参加持分ファンドの法的性質並びにその背景を見てきたが、最後にその特徴をまとめることで参加持分ファンドの法的性質を明らかにし、日本における先端技術等の中規模企業（ベンチャー企業）による新たな資金調達方法の可能性を指摘したい。

まず参加持分特別財産は、①ベンチャー企業の資本に対して、投資信託という方法で投資をすること、が特徴として挙げられる。このことは、通常はハイリスクなベンチャー・キャピタルの領域に、投資信託という方法を使うことでリスク分散を図ることが可能となり、またディスクロージャーなどが適用されない企業に対してもディスクロージャーを促すなどの、一定の投資家保護を図っていることを意味する。その際に参加持分特別財産の上限を30％に設定し、その他特別財産の残りの部分は、他の有価証券などに運用をするなど、更なるリスク分散を図っている。そのうえ被参加企業も少なくとも10以上存在しなくてはならず、1つの企業に対する投資も特別財産の5％に制限されている。この点でも、少しでもベン

---

145)　例えば公開有限合資会社（Publikum-GmbH & Co.KG）では、資本家が非典型の匿名組合員として匿名参加している（Vgl. Assmann/ Schütze, a.a.O., S.812（Wagner））。

78

第3章　非公開会社（ベンチャー企業など）の新たな資金調達

チャー・キャピタルのハイリスクを低減させようという意図が感じられる。しかし問題点は匿名持分に対していかに公平な評価を下すかである。

　また②投資信託として税法上の特典を受けることができるが、しかし資本参加会社やベンチャー・キャピタル会社はその特典を受けることができない。

　次に③このファンドは労働者を中心とした大衆が投資するので、銀行などがスポンサーの資本参加会社やベンチャー・キャピタル会社とは異なり、金融機関による間接的な支配を防ぐことが出来る。

　さらに④匿名組合による資本参加の特徴としては、投資の匿名性を挙げることができる。すなわち自らのことを明らかにせずに前途有望な企業に資本参加できるのである。

　このような特徴を持つ投資信託という方法を使うことにより、大衆の資金がリスク分散を図りながら、ベンチャー企業に資本参加することが可能である。さらに投資家に対しても、多様な投資商品を提供することが可能になる。他方、従来は銀行借入れのみに頼っていたベンチャー企業を中心とする中規模企業の側でも、このファンドにより大衆の資金を直接調達することが可能になり、様々な資金調達が可能となるであろう。

（2）　新たな資金仲介機関（金融仲介機関）としての投資信託の
　　　可能性

現在投資信託はもはや貯蓄手段にとどまらず、証券市場においては最も大きな機関投資家の1つであり、証券発行企業からみても、一般投資家と企業を結ぶ重要な金融仲介機関であることは疑いがない。

しかし今までは株式投資信託の対象は、上場または公開された既発行株式のみであった。本章ではこの発行済株式に対する投資信託の金融仲介機能とは別に、投資信託が未発行株式資本の市場に参加をすることが可能になれば、投資信託に新たな可能性が生じることを示すのが目的であった。

　日本においては前途有望な中小企業に対する資本参加の領域[146)]には、従来ベンチャー・キャピタルしか存在しなかった。しかし日本のベンチャー・キャピタルは金融機関の子会社が多いので、ベンチャー・キャピタルは親会社から独立して経営判断を下すことが出来なかった。しかし投資信託という方法で投資家保護とリスク分散を図りながら一般大衆の資金を前途有望な企業に投資するという新たな方法がもし創られたならば、投資信託の新たな可能性が生じることには疑いがない。しかも前途有望な企業の資本に大衆の資金が投資されることは、金融機関等の大資本による資本の独占をも防ぐ

---

146)　ベンチャー・キャピタルについても、日本においては投資ではなく融資であると考えられているためベンチャー企業の負担が重く新しい産業が育ちにくいという指摘がある（新井光雄「ベンチャーキャピタル生かせ」読売新聞 1994 年 8 月 4 日）。他方でベンチャー・キャピタルに対する税制上の優遇措置を拡大することには、企業優遇税制として批判がある（『日本経済新聞』1994 年 8 月 6 日参照）。この問題についても、もし投資信託で一般投資家がベンチャー企業の資本に参加することが可能となれば、税法上のメリットを一般投資家も享受できることとなり一部の企業のみが税法上の特典を享受しているという前述の批判は当たらないことになる。

第3章 非公開会社（ベンチャー企業など）の新たな資金調達

ことができる[147]。また労働者は投資信託という方法により自ら従事している証券未発行企業に資本参加する可能性もあることになる。

以上のように日本には存在しないドイツの参加持分投資信託ファンドを検討してきたが、本章を通じて投資信託が非公開株式を取得するという新たな金融仲介機能の可能性が認められるであろう。

---

147) 金融機関の企業支配に関しては、確かに独禁法上株式保有割合や役員派遣が規制されているが、資金がもし融資の形で投資された場合にはこの規制は及ばない。この点についても、もし独立の投資信託ファンドが独自の判断で投資家の資金により資本参加すれば、金融機関の企業支配という点はクリアされることになる。

第4章　不動産共同投資と投資家保護

問題の背景

　不動産の価格の下落が続いている。そのため何とか新しい資金の供給先が求められているが、最も有望な資金の供給先の一つが個人投資家である。個人投資家が不動産に投資を行うためには、通常何らかの機構が必要となる。なぜなら個別の個人投資家の資金量と比較すると、対象となる不動産事業が必要としている資金量は圧倒的に多いからである。

　そのため様々ないわゆる「不動産証券化」[148]の方法が模索されてきたが、我が国の場合は厳密な意味では不動産の証券化ではなく、不動産の小口化にすぎない[149]。法的に問題なのは、米国における証券（securities）とは異なり、小口化証券は「有価証券」に該当しなかったことである[150]。そのため不動産小口化商品には、証券取

---

[148] この場合の「不動産の証券化」という言葉は、厳密な意味では正しくない。なぜなら不動産の証券化が盛んに行われている米国では、不動産共同所有持分の証券化、流通市場の存在、持分証券の証券的な取引規制という条件が揃っているからである。つまり持分証券が証券諸法の対象となっていることである（なお詳細は、田村幸太郎『不動産証券化の法的基礎』（1994年、勁草出版）233頁参照）。

[149] 田村・前掲書12頁以下。

[150] 証券取引法2条にいう「有価証券」に関しては様々な見解の対立がある。なお、わが国の証券取引法の下では従前は「有価証券」は限定列挙と解されており、この点平成4年証券取引法改正によって政令による

引法の適用はなく、多数の小口投資家保護が最大の問題となる。従前の不動産投資商品の中には、投資家への情報開示が十分ではなかったり、バブル経済の崩壊により事業が破綻したり、あるいは計画そのものに問題があったために、個人投資家に被害が生じたケースが少なくなかったからである。

 そこで立法的な投資家保護の必要が生じるわけであるが、小口投資家から資金を集めてファンドを創り、その資金をある資産に投資をする方法は、不動産に対するもの以前にいくつかのものに対して立法化がなされていた。例えば、1993年4月には一定の商品に対して、いわゆる「商品ファンド法」が施行されたし[151]、リース債権や割賦債権の小口化に関して、いわゆる「特定債権法」も1993年6月に公布された[152]。その中で不動産の小口化証券に対する立法が最も遅れたが、1995年4月1日に「不動産特定共同事業法」が施行された。不動産小口化商品は1987年から供給されていたが[153]、ようやく事業内容に対して一定の規制が及ぶようになった。しかしながら投資単位や換金性の問題など、投資家にとっての問題点も完全に解決されたとはいえない。

 他方諸外国でも、不動産共同投資はすでに有力な投資対象になっている例も少なくない。例えば米国では、REIT（Real Estate Invest

---

　　　追加を可能とすることにより対応が図られた（龍田節『証券取引法Ⅰ』（悠々社、1996年）70頁以下参照）。
151)　商品ファンド法研究会編『商品ファンド法の手引き』（大蔵省財務協会、1992年）17頁以下。
152)　資産流動化研究会編『特定債権法』（商事法務研究会、1994年）3頁以下。
153)　不動産シンジケーション協議会『不動産共同投資ハンドブック95年度版』7頁。

第4章　不動産共同投資と投資家保護

Trust）と呼ばれる信託的投資や無限責任のパートナーシップ方式による投資など様々な投資方法が存する[154]。しかも1933年証券法2条1項の「有価証券」の概念は広く解されており、公募による不動産小口化証券は同法が規定する有価証券となる[155]。発行残高を見ると米国の1994年の発行残高は約3.5兆円であるが[156]、しかしドイツの発行残高は投資信託だけで約4兆円[157]となり世界最大である。

日本の不動産共同事業を考える上でドイツの投資信託方式は、我が国の前述の換金性の点や投資単位の問題を考える際に非常に参考となる。しかしドイツの不動産共同投資、特に投資信託に関する研究は従来あまり盛んに行われてきたとはいえない。そこで本章ではドイツの不動産共同投資を、特に具体的な不動産投資信託ファンドを題材にして検討し、その上で我が国の不動産共同事業法を投資家保護の観点から検討することにしたい。

1　ドイツ公開不動産ファンドの実際

（1）　公開不動産ファンドの現状——Despafondを中心に

では具体的にデスパファンド（Despafond）[158]を題材として、有価

---

154)　鈴木豊監修『アメリカ不動産投資』（中央経済社、1988年）88頁以下参照。
155)　鈴木・前掲書102〜103頁。
156)　不動産シンジケーション協議会・前掲書26頁参照。
157)　Bundesverband Deucher Investment-Gesellschaften（以下BVIと略記する）, *Investment*, 96 S.63.
158)　BVI, *Investment* 96, S.84によれば、デスパファンドは、デスパドイツ貯蓄不動産投資会社（Despa Deutsche Sparkassen-Immobilien-Anlage Gesellschaft）により、運用されているドイツで第2の規模を誇

85

証券投資信託[159]と比較しながら通常の不動産投資信託、つまり公開不動産ファンドを検討することにしたい。

① 法的枠組み

ドイツにおける投資信託は、不動産投資信託も含めて、投資会社法（KAGG）[160]の規制を受ける。投資家は持分証券（Anteilscheine）の購入の対価として投資会社に資金を払い込む。払込が終わった段階で投資家は、持分権者（Anteilinhaber）となる。投資会社は自らの財産と区別して、受託銀行に特別財産（Sondervermögen）として寄託する。特別財産は、投資家により払い込まれた資金の他に、投資会社の指示によりその資金の対価として購入された目的物により構成される（KAGG 6条1項）[161]。それぞれの不動産ファンドは対象として不動産を取得するのであるが、リスク分散を徹底させるために、少なくとも10以上の不動産を所有しなければ

る公開不動産投資信託ファンドである。なおデスパ貯蓄不動産投資会社は、スペシャル・ファンドとしての不動産ファンドも運用している。デスパ貯蓄不動産投資会社は、我が国の信組や信金に相当する貯蓄会社（Sparkassen）の上部金融機関であるドイツ中央振替銀行（Deutsche Girozentrale）及びドイツ地方自治体銀行（Deustche Kommunalbank）により、1966年11月29日に設立された不動産投資信託専門の有限会社である。

[159] 有価証券投資信託の法的枠組みについては、前掲図①を参照。

[160] 投資会社法は1959年に初めて制定された。当初は特別財産の取得対象は有価証券のみに限定されていたが、1969年改正により取得対象に不動産が加わり、法律上不動産投資信託が可能となった。なおKAGG第4章以下には、不動産特別財産（Gründstuck Sondervermögen）に関する規定がある。

[161] Despafond, *Annual Report*, Sep. 30 1995, p.9によると、1995年9月30日現在のデスパファンドの不動産特別財産の資産構成は、**別表⑥**の通りである。

第4章 不動産共同投資と投資家保護

ならず（KAGG 28条1項）、しかもそれぞれの不動産価格が特別財産全体価格の15％以下でなければならない[162]（KAGG 28条2項）。但しこの原則は不動産ファンドが設定されてから4年が経過したときに、満たされていればよい。しかし上限が決められていると、運

別表⑥　デスパファンドの資産構成

ファンド資産	金額(千)	割合(%)
不動産	5,232,422	54.6
1. 住宅用不動産	20,810	0.2
2. 営業用不動産	4,534,697	47.3
3. 混合用途不動産	60,550	0.6
4. 建築中の不動産	616,365	6.4
5. 未建築の不動産	0	0.0
流動性資産	4,290,828	44.7
1. 現　　　　金	1,304,377	13.6
2. 有　価　証　券	2,986,451	31.1
その他の資産	180,643	1.9
負　　債	−114,875	−1.2
1. 資産取得及び建築費	−56,986	−0.6
2. 資　産　運　営　費	−57,889	−0.6
ファンド資産合計	9,589,018	100.0

---

162) Despafond, *op.cit.*, pp.14-16によると、デスパファンドは、1995年9月30日現在50の不動産を所有している。そのうち4つの不動産はロンドンにあり、それ以外は全てドイツ国内の不動産である。それらを区分すると以下のようになる。またそれらの土地は、オフィス、商店、小売店兼用住宅、医療施設、ホテル、レストランなどに利用されている。

不動産の用法	数
不動産の用法	
①商業地	45
②住居用	1
③混合地	4

用先はオフィスや住宅に限られ、大規模なリゾートなどには利用できない可能性が強い点に注意が必要であろう。

投資単位は基本的に 100 DM（1 DM は約 70 円）が一単位である。持分証券は持分権者の投資会社に対する請求権であり、これを表章した有価証券が持分証券である。持分証券は持参人払式若しくは記名式であり(KAGG 18 条 1 項)、持分権者が換金をして投下資本の回収をするには、次の 2 つの方法が考えられる。① 通常の債権譲渡の方法により、相対取引で行い、組織された市場を通さない場合[163]、② 投資会社に持分証券の買取を請求する場合（KAGG 11 条 2 項）がある。換金は通常後者の方法で行われ、特別財産の流動資産の中から新聞に公表されている償還価格が支払われる。

通常の有価証券ファンドとは異なり、不動産の評価は困難な問題である。相場価格がすぐに算定できないからである。そこで不動産特別財産の場合には特に 3 人以上の構成員からなる専門家委員会（Sachverständigenausschuß）を設置しなければならない[164]。委員会

図②

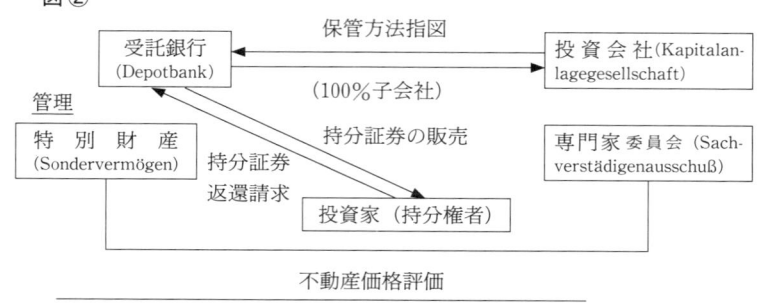

```
              保管方法指図
   受託銀行  ←──────────→  投資会社 (Kapitalan-
  (Depotbank)                   lagegesellschaft)
              (100％子会社)
管理
            持分証券の販売
 特別財産                      専門家委員会 (Sach-
(Sondervermögen) 持分証券        verstädigenausschuß)
            返還請求
              投資家（持分権者）
              不動産価格評価
```

163) 新井・前掲論文（落合編）170 頁。
164) 従って、不動産特別財産の場合には投資信託の構成は図②のようになる。

のメンバーは、投資会社とは別の人物で、その選定は銀行監督庁に届出をしなければならない。また例外的ではあるが、スペシャル・ファンドの不動産ファンドも存在する。すなわち一定数の機関投資家等がファンドを設定し、主に不動産を対象にして投資を行っている[165]。

② 収　　益

次に不動産投資信託は実際どのような収入を得ているか。どのくらいの収益を挙げているかについてデスパファンドを例にして検討する。

ドイツの不動産ファンドは、リスク分散及び換金性のため、特別財産の対象として不動産の他に有価証券を保有する。デスパファンドの場合には、約55対45の割合である。従ってファンド全体の収入に占める割合も、約5対4である[166]。

もしデスパファンドがつくられた1967年11月3日に1万DMをデスパファンドに投資したとすると、その持分は1995年9月30日には69,692 DMになり、単純に約30年で年平均5.97％の利回りであったといえる[167]。なお1995年度の集計によると、デスパファ

---

[165] BVI, *Investment,* 96, S.58 によると、1995年度のスペシャル・ファンドのうち、10のファンドは不動産特別財産であり、価額合計は3866百万DMである。なお具体的には、H.K. Kandlbinder, *Spezialfonds als Anlageinstrument,* 1991, S.108-136. 参照のこと。

[166] H.D. Assmann und. R. Schütze, (hrsg.) *Handbuch des Kapitalanlagerecht* 1990, S.4 ff.（Assmann）.

[167] Despafond, *op.cit*., pp.17-19 によると、デスパファンドの1994年10月1日から1995年9月30日までの収益状況は**別表⑦**の通りである。

ンドは全ての不動産投資信託の中で、最も運用成績が良かった[168]。

次に収益を考える上で重要な問題である不動産投資信託にかかる税について検討する。投資家の収益に直接関係するからである。

不動産特別財産は、有価証券特別財産と同様に法律上は法人税・所得税及び財産税を課せられない(KAGG 44条、38条)。しかしファンドによる収益で配当支払及び費用償還に用いられない資金については、資本財産(Kapitalvermögen)からの収入に属するものとして、課税の対象となる(KAGG 45条1項)。但し減価償却費(Abschreibung)は費用として差し引くことができる。

別表⑦　デスパファンドの収益状況

収益・損失の種類	金額(千DM)
Ⅰ．収　入	545,070
①　不動産収入	269,606
②　銀行預金等受取利息	65,974
③　有価証券受取利息	133,999
④　配当	0
⑤　その他の収益	75,491
Ⅱ．費　用	88,567
①　不動産運営費用	32,739
②　相続財産・年金に対する利息	80
③　その他の利息支払い	625
④　特別資産運営費用	52,415
(人件費、受託銀行報酬 鑑定評価費用)	
⑤　外国税	2,708
経常収益 (Ⅰ-Ⅱ)	456,503

なお、このほか前年度繰り越し及び次年度繰越を考慮した分配可能収益は428,138(千DM)となり、1ユニットあたりの分配可能額(税引き前)は、4.5DMとなる。

168)　BVI, *Investment* 96, p.1.

第4章 不動産共同投資と投資家保護

　高額所得のある個人投資家にとっては次のようなメリットもある。すなわち不動産ファンドの収益は、不動産の家賃収入及び所有有価証券の利息収入によるものと、保有資産の値上がりによるものの2つに分けられる。このうち個人投資家が保有する受益証券の対象となる保有財産の値上がり益及び譲渡益に関する部分については非課税となる[169]。ある投資家が受益証券を売却した場合には短期譲渡所得として課税されるが、6ヶ月以上所有した場合には課税されない。つまり不動産ファンドの収入のうち約40％前後が非課税となり、例えば高額所得者の個人投資家が50％の所得税率で税金を納めている場合には、年平均約6％の利回りもこの効果により理論上は8％以上の利回りに相当することになる。

③　不動産投資信託の特徴

　最後に不動産投資信託の特徴を整理することにしたい。まず指摘されるのは、①投資信託というシステム上の安全性である。すなわち運用（投資会社）と管理（受託銀行）が別個に行われており、ファンド財産は特別財産として KAGG による保管義務に服している（KAGG 10条）。また投資信託はリスク分散の原則を採用しているため、10以上の不動産を所有する義務や、1つの不動産の価格が全体の15％以下にならなければならないという義務がある。不動産の選定等の運用に関しても投資会社の中の専門家があたり、特に不動産投資信託の場合には専門の投資会社があるため、投資家としては不動産投資の専門家に資金の不動産による運用を委任すること

---

169)　D. Carl und. W. Förster, *Das Recht der Investmentfonds,* 1994, S. 129-132, S.144-145. なお、新井・前掲論文181頁以下にも同様の記述がある。

ができる。

　続いて、②KAGGによる立法的な投資家保護が挙げられる。これにはいくつかの要素が考えられるが、まず指摘されるべきなのは、投資会社と投資家との間の契約関係が約款（Vertragsbedingungen）により規定され、更に約款の記載内容に関しては銀行監督庁の承認が必要であるという点である（KAGG 15条2項）。同時に持分証券を投資家に販売する際には、投資会社は当該ファンドの内容について記載した販売目論見書（Verkaufsprospekt）を交付しなければならず、もしその記載内容が誤りである場合には投資会社及び販売者等に投資家が支払った金額での引き取りを命じている（KAGG 20条1項）。また販売方法についても投資家保護を徹底して、常設の営業所以外の場所で投資家が持分証券を購入した場合には、2週間以内であれば文書で自分の意思表示を取り消すことが認められる（クーリングオフ：KAGG 23条1項）。また投資対象である不動産特別財産に対して、公平な評価を担保するために、投資会社は不動産鑑定士等による専門家委員会による評価を実行させる義務を負っている。更に投資会社はファンド全体の決算を会計士及び受託銀行により検査させ、銀行監督庁に届出をさせ、しかも連邦公告誌に公告をしなければならない（KAGG 25条）。このように投資会社はKAGGによりさまざまな投資家保護上の義務を負っている。

　最後に③不動産投資信託の金融商品としての利便性を指摘したい。前述のように不動産投資信託には税法上の優遇措置が認められており、特に高額所得者層には有利な投資である。それ以外の小口投資家にとっても、投資単位が小さく（100 DM）、小口の資金でも不動産投資をすることが制度的に保障されている持分証券は、明確

第4章　不動産共同投資と投資家保護

に有価証券であると認められているので、公示催告による除権判決で簡易な手続が認められている。しかも持分証券の現在価格（買戻価格）が公告されているので、投資家は自らの持分の現在価値を把握でき、しかも投資家はいつでも買取・換金を請求できる。

（2）　公開不動産ファンドの検討

公開不動産ファンド[170]は、投資家保護に関しては以下の様々な点ですぐれている。例えばリスク分散に関しても、最低10以上の不動産を取得し、しかも税法上の控除を目的としていないので、有価証券を特別財産として取得することも可能である[171]。建築中の不動産及び外国の不動産は各々10％又は20％を超えてはならない。住宅地商業地及び混合地を取得することができる。また投資家の有する持分価格に関しても持分証券の発行及び返還価格は、日刊新聞に公表され、投資家は自由に自らの持分を売却することができる。特に目的物の不動産価格に関しては、独立の専門家委員会がKAGG 32条に従い毎年1回若しくは特別の機会にファンドの目的物並びに買取及び売却価格を評価する。

　公開不動産ファンドの構造を簡単に振り返ると、投資会社は、自らに払い込まれた資金を自己の勘定とは別に特別財産を形成する。投資会社は特別財産の勘定で不動産に投資をする。そこから生じた権利は、持分証券に化体される。特別財産の対象物は、ファンドの所有となる。受託銀行が不動産の状態を監視し、その特別財産に属

---

170)　KAGGの第4章24条以下が不動産ファンドについて規定している。
171)　Laux und Ohl, *a.a.O.*, S.128.

すべき資金及び有価証券並びに不動産を管理する[172]。

また、KAGG 19条により、約款の内容や、契約締結時に交付すべき義務について規定されている[173]。また投資会社が実際にKAGGを遵守しているか否かに関しては、連邦銀行監督庁（Bundesbankaufsichtamt）の監督が及ぶ。さらに目論見書に関して虚偽の記載をした場合に、投資家は、投資会社だけでなく、その持分を販売したもの等に対しても、その責任を追及することが認められている[174]。

2　わが国の不動産特定共同事業法と投資信託

（1）　わが国の不動産特定共同事業法による不動産投資

債権を担保にする「特定債権法」、不動産以外の商品を担保にする「商品ファンド法」と並んで、小口投資家を中心とする投資家から集めた資金を共同で不動産に投資する「不動産特定共同事業法」が、1995年4月1日から施行された。

しかしながらそれ以前1987年からも、不動産共同投資商品が投資家に供給されてきた[175]。だが従来の商品の中には、投資家への情報公開が不十分であったために計画が不十分なものとなり、その

---

172)　Laux u. Ohl, *a.a.O.*, S.126.
173)　KAGG 2条及び15条参照。
174)　KAGG 19条及び20条参照。
175)　不動産シンジケーション協議会（以下CRESと略記する）『不動産共同投資ハンドブック1995』7頁以下によれば、1994年12月までに不動産共同投資商品販売累計額は、国内・海外併せて約7,700億円に達したという。

第4章 不動産共同投資と投資家保護

ために、若しくは事業自体がバブルの崩壊に伴って破綻したために、多数の投資家に被害を与えたものも少なくない。既存の商品の中には、単純にビルなどの所有権を小口化して分譲したものも少なくなかった。しかしこれでは、投資家保護の観点やその他様々な点で問題がある。

そこで不動産共同投資により、投資家保護を図りながら、不動産共同投資事業を促進することが企図された。不動産共同投資商品の法的構成として挙げられるのは、①任意組合型、②匿名組合型、③賃貸型（共有）及び④信託型である。このうち④信託型は、信託業法の適用を受けるので、不動産特定共同事業法の適用があるのは、前3者のみである。以下それぞれについて条文に即して検討していく。

まず①「（任意）組合型」であるが、これは投資家が民法667条により組合を設立し、投資家の意思統一を図る典型的な投資手法である。商品の具体的仕組みは次の通りである[176]。まず(1)複数の投資家が目的不動産を購入し、(2)同時に投資家は取得した共有持分権を現物出資して共同事業することを目的として組合を設立する。この場合各組合員は、委任契約により組合の業務執行組合員（理事長）を選出する。これは通常「特定共同事業者」である不動産業者がなる。しかしこの場合であっても各組合員は、業務の検査権を有する（民法673条）。なおこの際登記名義は、業務執行組合員の単独登記となる。続いて、(3)業務執行組合員は土地を利用したいものと土地の賃貸借契約を締結する。(4)業務執行組合員は公租や自ら

---

176) CRES・前掲書10頁以下参照。

の報酬を差し引いた上で、各組合員に利益（損失）を分配する。(5)組合契約終了時に、業務執行組合員は目的不動産を処分し、清算を行う。税法上組合には課税されず、組合員に配分された収益に対してのみ不動産所得として課税される。

　続いて、②商法上の「匿名組合型」[177]を検討する。「任意組合型」と比べ「匿名組合型」は、現物出資ではなく、金銭出資に適していると考えられる。まず(1)投資家（匿名組合員）が営業者（不動産会社）と匿名組合契約を締結し（商法535条）、(2)営業者が出資金により不動産を取得する。(3)営業者は賃貸借契約などを締結し、運用益を投資家に分配する（商法535条）。(4)当事者の意思表示や一定期間の経過により匿名組合契約は終了する。その際に営業者は、不動産を売却し、出資の払戻を金銭で行う（商法541条）。民法上の「任意組合」と「匿名組合」の違いは、出資した財産及びその対価として取得した不動産等は、「任意組合」では組合員（投資家）の共有となるが、「匿名組合」では営業者の単独所有となる（商法536条1項）。また「任意組合」では各投資家が組合員として組合総会に出席して事業執行の内容を決定するが、匿名組合では執行権はなく、監視権があるにすぎない（商法521条等）。出資方法は民法上は現物出資でもよいとされるが（民法667条2項）、商法上は金銭その他の財産権に限定される（商法542条等）。従って匿名組合方式の方が、不特定多数の投資家から資金を集めてプロの不動産業者が運用するという不動産証券化の方法には適しているといえる。

　第3に、③「賃貸型」を検討する。これは最も単純な方法である

---

177)　CRES・前掲書13頁以下によると、未だ商品供給がなされていない。

が、(1)複数の投資家が共同で目的不動産を購入する。続いて、(2)各投資家は共同で特定事業者（不動産業者）に目的物を賃貸し、特定事業者が投資家に賃料を払う。(3)特定事業者は、目的物を第三者に転貸する。そして特定事業者は、基本的に経費等を差し引いた額を投資家に賃料として支払う。(4)一定期間経過後不動産を処分等して投資家に利益を分配する。しかし以下のような問題点がある。共有者の1人が目的物の分割を請求した場合、5年以上の分割禁止特約は不可能なので（民法256条）、業務の継続が困難となる。また不動産の処分を行う場合には、民法251条により、共有持分者全員の同意が必要なので、円滑な業務執行ができない場合が考えられる。従って問題はいかに各共有者の意思統一を図るかである。

最後に不動産特定共同事業法の対象ではないが、④「信託型」を検討する。(1)複数の共有持分者である個人投資家が信託銀行と信託契約を締結して、移転登記をする。(2)信託銀行は受託者として当該不動産を管理運営処分する。(3)信託銀行は、第三者と賃貸借契約を結び、収入から費用を差し引いた収益を、投資家に分配する。(4)予定信託期間が満了したら、信託銀行は不動産を市場で一括売却し、処分益を投資家に配当する。

そのほかに不動産証券化商品類似の商品として、「不動産変換ローン」が上げられる。これは今までに国鉄清算事業団のみが販売した実績を持っている。これは、旧国鉄が所有していた不動産を担保にして、投資家から長期の低利ローン契約をするものである。ローン期間満了後に、不動産の共有持分権を譲渡することにより、投資家のローン債権が相殺される。

以上みてきたように、不動産証券化商品の法的枠組みにはいくつ

かのものがあるが、平成6年成立の不動産特定共同事業法の対象となったのは、①「任意組合型」、②「匿名組合型」、③「賃貸型」である。これらに共通するのは、従前の無規制だった不動産共同事業への反省から、同事業を許可制としたことである（不動産特定共同事業法3〜8条）。許可を得た後の変更は届出を必要とするものとした。さらに投資家保護のため、代理媒介法人及び契約締結法人に最低資本金制度を導入し（不動産特定共同事業法施行令4条）、不動産共同事業を行う投資家との間の不動産特定共同事業契約の締結されるべき事項を法定し（不動産特定共同事業法2条3項）、当事者の任意決定事項に関しては約款を許可制にするなどして監督庁の監督に服せしめている（不動産特定共同事業法5条、7条及び23条）。販売に関しては通達により一口単位の規制が行われている[178]。また販売方法に関しても宅地建物取引業法による規制と同様に、契約成立前の説明書面交付（不動産特定共同事業法24条）、及び財産管理報告書等の交付が法定された（不動産特定共同事業法28〜30条）。広告も規制され（不動産特定共同事業法18条）、不当な勧誘が禁止され、断定的判断の提供も禁止された（不動産共同事業法20条及び21条）。さらに投資家は8日以内の書面によるクーリングオフも認められた（不動産特定共同事業法26条）。

　事業の監督に関しても法定され、帳簿書類及び事業報告書の提出が義務づけられた（不動産特定共同事業法32条及び33条）。また主務大臣若しくは都道府県知事は、共同事業法に違反した場合には、業務停止命令を発し（不動産特定共同事業法35条）、または許可を取り消すことができるものとしている（不動産特定共同事業法36条）。さら

---

[178] 金銭の場合は1億以上。なお資本金10億円以上の会社の場合は1千万以上である。また、現物出資の場合は500万円以上とされている。

に不動産特定共同事業法52条以下で罰則を規定し、監督の実効性を担保している。

このように不動産特定共同事業法により、不動産共同事業における投資家保護のために様々な規制が実施されてきたが、未だに市場は順調に発展しているとはいえない。また近年金融機関の不良債権処理に関連して、不動産共同投資事業が注目されている[179]。そこで（２）では、本章のまとめとして、特に個人投資家が投資対象にするには、どういう点が問題なのかをドイツの例を参考として検討することにする。

（２）　不動産共同投資に対するドイツ法からの法的示唆と検討

我が国で施行されている不動産特定共同事業法に基づく共同投資について検討してきたが、まずその問題点を指摘し、併せてドイツ法の投資信託方式による示唆に基づいて検討することとしたい。

指摘したいポイントが多岐にわたるので、ここでは、①商品性、②ファンド・ガバナンス、③販売及び公的規制の３つに分けて検討する。

まず第１に商品性についてであるが、ドイツの投資信託──特にここでは主に公開不動産ファンドと比較するが──と比べ、投資単位の違いが顕著である。一般大衆を対象にする場合通常１億以上と

---

[179]　日本経済新聞1996年8月6日によると、住宅金融専門会社債権処理を促進するために、大蔵省及び建設省は、投資家が自己の持分を第三者に転売できるようにしたり、元本保証型の商品の商品の発売を認める等の改正を検討しているという。但し、この法改正検討項目には、クーリングオフの撤廃なども含まれており、主に機関投資家を念頭に置いた改正といえよう。

いう投資単位は大きすぎる。その点ドイツでは 100 DM 前後から投資でき、この額では投資家に無理はないと考えられる。その理由は、ドイツの不動産投信は一般大衆である不特定多数の個人投資家を対象としているからである。

　商品性に関して次に指摘されるのは、換金性の問題である。換金性の問題は、「二次的市場」の問題と併せて議論されることが多い[180]。通常「任意組合方式」において、投資家が自分の投下資本を回収するためには自らの組合員持分を譲渡することになるが、これは約款にその旨記載していれば可能である。しかし問題は自分で買い手を見つけなければならない点であり、価格・時期等の条件が合致するのは困難である。そこで「二次的市場」の必要性が議論されるわけである。この点に関連して指摘しておかなければならないのは、我が国の不動産共同投資事業は基本的にクローズド・エンドである点である。すなわち一定期間満了の場合、保有する不動産を売却して持分者に処分した資金を分配するわけである。

　ここでドイツにおける不動産投資信託の金融商品としての税制面に着目して検討しておく[181]。不動産投資信託持分に投資をした投資家は、配当を受け取ることとなるが、配当は資本財産からの所得となり、減価償却相当分を控除できる。従って投資家は、直接不動産に対し投資を行う場合と同様、配当に関しては税制上のメリットを受けられる。

　持分譲渡益（キャピタル・ゲイン）に関してはどうか。ドイツでは、

---

　180)　佐藤一雄「創造的都市開発と共同投資事業の可能性」『都市的土地利用研究会――最終年度公開シンポジュウム』（1995 年）206 頁
　181)　CRES・不動産シンジケーション協議会会報 71 号 8～9 頁参照。

第4章 不動産共同投資と投資家保護

個人の不動産譲渡益は購入後2年で非課税となるが、不動産ファンドの持分譲渡益は、他の有価証券と同じく持分購入後6ヶ月超で非課税となる。

また持分購入手数料に関しては、通常投資家は不動産投資信託の持分購入を受託銀行（通常は投資会社の親銀行）を通じて行う。投資家は持分購入の際に、通常持分価格の5％を手数料として支払う。しかし持分譲渡は、通常投資会社に委託された銀行の窓口での買い取りなので、配当以外の収益に対する費用負担及び税負担はない。

このようにドイツでは、不動産共同投資商品を完全な投資商品として位置づけ、また同時に不動産投資に対して認められる税制上のメリットを不動産投資信託という投資商品にも認めている。この点日本では、税制上の優遇措置が認められず、また出資最低単位等に対する規制も厳しい。従って投資商品としては、日本では、不動産共同投資はドイツほど投資家にとって魅力がない。

ドイツでの投資信託の議論に鑑みると、これらの問題は、我が国では大衆投資家を念頭に置きながらクローズド・エンド方式を採用している点に矛盾があると考えられる。すなわち一般大衆を対象としてファンドをつくり、換金性の問題をクリアしようとすれば、むしろドイツの投資信託のようにオープン・エンド型とし、持分者（投資家）から買取請求があれば不動産ファンドの勘定で買い取ることにすれば、この問題はクリアできる。しかも不動産は、通常の投資信託の対象である株式や債権などの有価証券と比べると、換金性が悪く市場価格も一律でない。しかも期間満了時に必ず売らなければならないとすると損失が出る可能性が高い。

そう考えると同時に必要なのは、共同投資財産の取得対象を不動

産だけでなく、有価証券や銀行預金などにして換金に備える必要が出てくる[182]。このことは逆に不動産共同投資の対象としては、リスク分散につながる。また債券や銀行預金など確定利付きのもので運用すれば、一定の収益を挙げる予想が立てやすい。

　結局この問題に関する結論としては、ドイツの不動産投資信託と比較すると、我が国の不動産共同投資事業は、システム的に未だ未完成であると考えられる。すなわち一般大衆を念頭に置いて、資金を集め不動産に投資をするのであれば、オープン・エンド型にして、いつでも買い取りに応じるシステムにしないと、個人投資家にとって投下資本の回収が困難となる。逆に機関投資家や不動産所有者を対象とするのであれば、クローズド・エンド型も可能であろう。投資家間の意思疎通が可能だからである。この場合は2次市場を考えるよりは、民法上の任意組合であれば営業主である不動産業者に持分の買い取り請求を認めた方が現実的であろう。もちろん自分で買い主を見つける可能性は留保しておく必要はある。

　第2に、システム論とも関連するが、ファンド・ガバナンスの問題を検討する。言い換えると、投資家の意に反するような事業の運営をしている場合、すなわち事業執行者（不動産会社）が権限濫用している場合、投資家はどのような手段を採れるかという問題である。これもドイツのパブリック・ファンドとスペシャル・ファンドのように、一般不特定大衆と少数投資家の場合とを分けて考えたら

---

[182] KAGG 35条によると、買戻請求による換金に備えてドイツの不動産投資信託は少なくとも、5％を有価証券や銀行預金で運用しなければならないとされている。現実では本章で見たように、もっと多くの割合（デスパファンドは約45％である）を有価証券で保有する不動産投資信託が多い。

第4章 不動産共同投資における投資家保護

どうか。すなわち一般大衆を対象とする公開不動産ファンドでは、時価による買戻が認められている（KAGG 34条及び36条）。ファンド運営に不満の場合には、持分を時価で換金することができれば、投資家の不満はかなり解消できるであろう。スペシャル・ファンド[183]の場合には、ドイツ投資信託は基本的に契約型であるので、制度上は換金が容易でなく問題がある。この点では株主として、ファンドの運営に参画できる会社型の投資信託を考える余地があろう。なおこの区別は、例えば我が国の債券の公募債券と私募債の区別は投資家が約50人とされている点、及びドイツではKAGG 1条によりスペシャル・ファンドの場合投資家は10人程度とされている点などが参考となろう。

またファンド・ガバナンスに関連して、不動産共同事業が損失を生じた場合を考えてみる。我が国の不動産共同事業法は、ドイツのKAGGと異なり、運用先の規制を行っていないので[184]、損失が生じる場合が多いが、現行法上は「任意組合」の場合には、各組合員（投資家）は無限責任を負う（民法673条）。しかし「匿名組合」の場合には、損失負担を特約で排除することができる（商法538、541条）。

第3に、販売と公的規制について考えていく。まず価格の公告についてであるが、ドイツの公開不動産投資信託に関しては、投資会社は受託銀行及び特別委員会により確認された不動産評価に基づい

---

183) 本書第2章を参照のこと。
184) KAGG 28条によると、不動産特別財産は10以上の不動産を所有しなければならず、しかもどの不動産も全体価格の15％を超えてはならない、とされている。また既述したように、少なくとも5％は有価証券若しくは銀行預金で保有しなければならないともされている。

て算定された価格を連邦公告誌（Bundesanzeiger）に公告しなければならない。この点我が国の共同投資事業においても換金の際に、制度的に鑑定士による不動産の鑑定評価を義務づけるなど、参考になる点がある。また販売をする際には、不当勧誘による販売は我が国でも禁止されているが、販売時に適切な助言を行う義務を考える余地があるのではないか[185]。また是非とも進展させる必要があるのは、対象不動産のディスクロージャーである。これは一般投資家にわかりやすいかたち、例えば格付け機関による格付けなどでもよいだろう。

　また挙げられるのは、ドイツの不動産投資信託の銀行との結びつきの強さである。具体的には、ドイツではユニバーサル・バンク制度を採用しているので、銀行で投資信託が販売されている。この点我が国の不動産共同投資事業は、証券取引法65条問題とも関連して、販売網という点ではかなり小さいものである。

　今までの議論をまとめると、我が国の不動産共同投資事業とドイツ不動産投資信託を比べると、我が国の制度は不十分な点があるように思える。とくに大衆投資家を念頭に置くと、投資単位を1万前後とし、オープン・エンド方式を採用して換金自由とし、買い取り価格は新聞などで公告し、換金とリスク分散のために有価証券や預金なども投資対象とすれば、この問題はクリアでき、ひいては不動産共同投資における個人投資家保護につながるのではなかろうか。

---

185) ドイツの銀行による助言説明義務に関しては、さまざまな議論がある（山下友信「証券会社の投資勧誘」『証券取引法体系』（1986年）340頁以下参照）。

第5章　外国投資持分販売と投資詐欺

問題の背景

　現在わが国の株式投資信託は、額面割れ償還が続いている。証券会社においてその投信が発売される際には、〜％の利回りが見込めます、といった形で販売された場合が多い。確かに株式投信の販売目論見書には、元本を保証したものではないと書いてあるが、販売時に実際に認識して売買した人は、ほとんどいないであろう。しかしその後の株式市場の低迷により、株式投資信託も低迷したままである。金融制度改革により認められたいわゆる業態別子会社方式による銀行の証券子会社も、個人投資家層の拡大には結びついていない。このまま資本市場の低迷が続けば、株式会社の存立自体が危うくなる恐れがある。その意味で個人投資家の資金を資本市場に参入させることは緊急の問題であるが、情報を持たない個人投資家にとって株式投信などの投資信託は重要な投資手段の1つとなる。そこで投資信託にとっては、前述のような額面割れ償還と並んで、投資信託持分販売に際して正確な情報を伝えないことは投資家保護にとって重大な問題となるであろう。
　一方、ユニバーサル・バンク制度を採用するドイツの投資信託は、公社債に関するものが中心で、決して規模が大きいとはいえない[186]。

---

186)　1993年度の日本国内の投資信託純資産総額は約50兆7,400億円なのに対し、1993年度のドイツのファンド財産（Fondsvermögen）合計額

特に株式投資信託の規模は、かなり小さい。それには、様々な理由が指摘されているが[187]、海外投資顧問会社であったIOS（Investors Overseas Service）事件の影響もかなり強いものがあると指摘されている。

またIOS事件は、1960年代後半からドイツにおいて形成されたいわゆる「灰色の資本市場[188]」の要素の1つとされるものである。IOS社は、それまで投資信託に興味を全く示さなかった一般投資

は、約4,170億DM（1DM＝約70円）である。日本のバブル景気が絶頂であった1988年には、日本のそれは、約58兆6,500億であったのに対し、ドイツのファンド財産の総額は、約1971億DMである。なお日本の投資信託の純資産額については、証券投資信託協会編『日本の投資信託　平成6年5月』6頁参照。ドイツのファンド財産に関しては、Vgl. Bundes-verband Deutscher Investment-Gesellschaften, *Investment,* 1994, S.64.

187)　例えばドイツにおいては、株式会社の数は、約2,000社で日本のそれと比較しても、著しく少ない。これには、ドイツ株式法（Aktiengesetz）のほかに、税法が密接に関連しているからといわれている。従って、株式市場で売買される株式の数自体も少ないことになる。そのほかには、ドイツに金融制度は、いわゆるユニバーサルバンクなので、銀行が証券業務のかわりに、銀行業務で対応しようとしたことなどが挙げられるであろう（ユニバーサル・バンクの証券市場に与えた影響に関しては、相澤幸悦『ユニバーサル・バンキング』（1989年、日本経済新聞社）29頁以下参照）。そのほかには、ドイツには、第1次世界大戦後のハイパーインフレの教訓で比較的金利が高く、有価証券に対する警戒感が強かった、ことなども挙げられるであろう。

188)　灰色の資本市場（grauer Kapitalmarkt）とは、損益通算会社（Abschreibungsgesellschaften）や非公開の不動産ファンド（geschlossene Immobilienfond）等の特殊な公開人的会社（Publikuspersonengesellschaft）というスキームを利用することにより、主に富裕層が税法上の優遇措置を活用して、ハイリターンを狙った投資の資本市場のことである（これについては、拙稿「ドイツ灰色資本市場における投資仲介者の法的責任について」『一橋論叢』116巻1号82頁以下参照）。
Vgl. H. Assmann, *Prospekthaftung,* München, 1985, S.12 ff.

家層に、投資信託を販売することにより、資金を集めたものである。しかし IOS 社による投資信託の運用は、ほとんど詐欺的なもので、これにより被害を被った投資家層は、株式や投資信託に拒否反応を示している。以上のように IOS 事件は、ドイツ人をして株式や投資信託から遠ざけた一因である。

ところで 1960 年代のドイツには、国外の投資会社によりマネージされた外国投資会社持分（Ausländischeinvestmentanteil）販売に対する規制がなかった[189]。ドイツ国内ファンドに対しては、1957 年投資会社法 KAGG により詳細に規制されているが、他方外国ファンドに対してはほとんど規制がなかったのである。そこに目を付けた IOS 社などの外国投資会社が、ドイツ国内で外国投資信託を販売し、投資家保護上様々な問題が起きた。そこでドイツ政府は、KAGG の改正並びにドイツ外国投資会社法を規定することで対応したが、IOS 社等の活動を規制するには不十分であった。

それ以後も IOS はドイツ国内で活動し続け、1970 年には IOS 危機と呼ばれる事態を招いている。しかもその IOS は、日本でも活動をしようとしたのである。

しかしこのような重大な問題である IOS 事件は、不思議なほど知られていない。そこで本章では、IOS 事件を詳しく調べることにより、IOS 社の実体を検討し、IOS 社がなぜ破綻をしたのかを明らかにする。そのうえで現在では、ドイツ国内で外国投資信託販売がどのように規制されているかを検討し、そのなかでも販売時における過剰な投資セールス、及び販売目論見書と重大に異なるファ

---

[189] Cf. Raw, Page, Hodgson, *Do you sincerely want to be rich ?*, New York, 1971, p.185 ff.

ンド持分を販売した場合にはどのような規制が及ぶかという点について現行法とその解釈に検討を加えることにより現在わが国の投資信託販売問題における額面割れ償還と販売時の目論見書責任の問題について、1つの視座をつけ加えたい。

1　IOS 社の設立と IOS 危機

（**1**）　IOS 社の設立とオフショア投資信託

まず初めに IOS とは何か、という問題から出発したい。IOS とは、ベルナルト・コーンフェルト（Bernard Cornfeld）とエドワード・コウエット（Edward Cowett）により、1960 年 4 月 9 日にパナマで設立された投資信託販売のための有限責任企業である[190]。そこで IOS 社の歴史を考察するために、設立人であるコーンフェルトの生い立ちを簡単に振り返ることにしたい。

コーンフェルトは、1927 年 9 月 17 日にトルコのイスタンブールで生まれている[191]。その後 1930 年にニューヨークへ移住し、1950 年コロンビア大学社会学部（School of Social Work）を卒業後、1 年間フィラデルフィアのスラム街でソシャルワーカーとして働いている。彼はこのとき、社会主義者としてマルクスの理論を学んでいる。その後彼が主張した「人民資本主義（People's Capitalism）」は、実はマルクスの弁証法を多少変更しただけのものであった。

その後コーンフェルトは、早くも 1953 年に友人が設立した投資信託の販売をしている。その後彼は、1955 年にパリに行き、彼の

---

190)　Cf. *Ibid*., pp.62-64.
191)　Cf. *Ibid*., p.15 ff.

第5章　外国投資持分販売と投資詐欺

友人が設立した投資信託であるドライフスファンド（Dreufus-fond）を販売している。その時彼は、コウエットと初めて出会っている。

エドワード・コウエットは1930年4月10日に米国のマサチューセッツで生まれた[192]。彼は、ハーバード大学を卒業し、その後ハーバード・ロー・スクールに進学している。コウエットは、ハーバード・ロー・スクールを最上級の成績で卒業しており、彼はその際証券取引法のルイ・ロス教授に師事した。彼はその時、ロス教授とともにアメリカ各州の証券取引法の総称である「青空法（Blue Sky Law）」に関する最も広範に使用されている教科書を執筆している。しかし彼は研究者にはならずに、その後投資信託販売に専念した。

1958年秋コーンフェルトは、禁止されている郵便為替の販売を行ったために、フランス警察から取り調べを受け、そのためにスイスのジュネーブに移った。以後IOS社の営業の中心は、ジュネーブとなる[193]。

その後コーンフェルトとコウエットは、1960年にパナマでIOS株式会社を設立して、そこで投資信託を設定し販売している。ここで最も注意しなければならないのは、彼らがIOSをパナマで設立した点である。なぜなら彼らが意図したのは、最も規制の少なく、政府の規制や課税が及ばない地域で投資信託の営業活動を行うつもりであったからである。彼らは新聞が「オフショア」という言葉を

---

192) Cf. *Ibid*., p.39 ff.
193) IOS事件について、BVIに質問をしたが、後日回答が送られてきた。本文の論述はそれによる。

使い始める前から、地理的な条件を通じて政府の規制を逃れるという営業活動をしていた。

その後 1960 年にルクセンブルグ籍のファンドである IIT（International Investment Fund）を創設し、以後このファンドは IOS で最も大きなファンドとなる。彼らは、1970 年までに一般投資家向けに 18 のファンドを創設したが、それらの登録地は、パナマの他にオランダのアンチレン島、ルクセンブルグ、バハマそしてカナダのオンタリオであった[194]。彼らは意図的にオフショア・ファンドを創り出したのである。

その後 IOS 社は、投資信託を設立するだけでなく、IOS 社自身の株式等の有価証券を発行して、資金調達している。問題は、IOS が設定したファンドに自身の株式を購入させていたことである。IOS 社は、単なる投資運用組織だけでなく、銀行、保険会社そして不動産仲介業などあらゆる金融機関の複合体を形成していた[195]。また 1961 年に最初に運用を失敗しているが、この時には米国での規制に反してファンドマネージャーの所有する企業に投資している。

1962 年になると、IOS 社は、アメリカだけでなく、ベネズエラやブラジルなどの中南米で投資信託の販売を開始したが、違法な取引方法と外国為替の密輸などで、相次いで取引停止になる[196]。同年他の投資ファンドに投資をするいわゆる親ファンドであるファン

---

194) BVI の回答。
195) 同じく BVI の回答によるとこの複合体の状況は以下の通りである。1969 年 9 月時点で IOS が所有したのは、18 のファンド（そのうち 9 が公開ファンド）、14 の投資管理会社、12 の銀行その他の信用機関、7 つの不動産管理会社、1 億ドル以上の不動産及び 100 のその他の企業であった。
196) Cf. Raw, Page, Hodgson, *op.cit*., p.226 ff.

第5章　外国投資持分販売と投資詐欺

ドのファンド（以下 FoF と略す。）がカナダのオンタリオで設立されている。その後 1965 年に、IOS 社は FoF を通じて投資専用のファンドを設立し、その資金は、FoF には禁止されている営業（不動産取り扱い、先物オプション取引、保証行為、商品先物投機、空営業）を行っていた。IOS 社はまた、この方法で手数料を 2 度徴収することで、通常の 2 倍の手数料を顧客のファンドから取得していた。手数料率は、全部で 18％であった。それにより、有効な利息の支払いは、年に 5％に下がった。

その後 IOS は、SEC との裁判上の和解により、アメリカから強制撤退をさせられる。しかし IOS により設定されたファンド財産は、1970 年のいわゆる IOS 危機までは着実に増加を続けた[197]。以下では、なぜ IOS 社が破綻したかをみていく。

（2）　IOS 危機と IOS 社が失敗した理由

1968 年 11 月に、IOS マネージメント株式会社がニューヨーク証券取引所で株式を公開した[198]。その時の相場価格は、12.5 ドルで

---

197)　BVI の回答によると IOS のファンド財産の発展は以下の通りである。

IOS ファンド財産の発展

1962 年	100 万ドル
1964 年	1 億ドル
1967 年	7 億ドル
1969 年	20 億 6 千万ドル
1970 年	75 万人の貯蓄者、うち 30 万人が旧西ドイツ。
1971 年 10 月	ファンド財産 13 億ドル
1972 年	ファンド財産 9 億 8,200 万ドル

198)　Cf. Raw, Page, Hodgson, *op.cit*., p.310 ff.

111

あったが、株価はその後急激に上昇し一時75ドルの高値をつけた。しかしもし株式が公開されることになると、当然のことながら株価は、需要と供給のバランスにより供給される。そうなるともし株価が下がると、投資信託などのIOS社がマネージメントした有価証券にも当然にその影響が及ぶ。従ってIOS社の有価証券に対する反応も株価により左右されやすくなる。

　ところでそれまでIOSの株式は主に従業員に対してのみ発行されていた。従業員はこれによりIOS社に資本的に結びつけられていた。この方式は、その後継続され、ドイツにおいてその販売方式と報酬としての持分を授与するというやり方は、ドイツで完成をする。

　1970年4月、IOS社の株価が暴落、2日で株価が25％下落した。更にその後2週間で、株価が50％下落した。その後IOS社は、定款に違反して自己のファンドに自らの株式を購入させたが相場は、反騰しなかった。さらにIOS社が株式を公開しているドイツ証券取引所でも、第2次世界大戦以来の最大の下げ幅を記録した。この後ニューヨークの株式市場におけるIOS社の株価は、4月末に11ドルから4ドルに下落した。この急激な下落の直接の引き金は、投機的な反応が原因であるといわれたが、この株価の下落に伴ってIOS社の幾つかのファンドが破産宣告を受けた。その際にIOS社の様々な詐欺的な取引が明らかになった。例えば投資信託で集めた資金を、別のFoFに再投資させ、その資金を北極海のオイル採掘に投機していた。その事実が知られると、IOS社の株価の下落に更に拍車がかかった。投資家の多くは、IOS社の販売代理人の推薦によりIOS社の株式を信用取引で購入していたので、株価が暴

第5章 外国投資持分販売と投資詐欺

落した後に破産をしたものが続出した。しかもIOS社本体とは別に設立されたIOSマネージメント社も、IOS社自身と同様絶望的な債務超過なので、株主は全く何も返却されない。

これに伴い複数のファンドが破産をした。前述のようにそれぞれのファンドは、IOS社のファンドを購入していたので、当然にその株式に対する評価も下がる。さらに1つのファンドが下がると、それぞれのファンドがお互いにファンド持分の持ち合いをしていたので、当然にどれかが崩れると連鎖的にファンド価格が暴落する。そしてその過程をみていくとオフショア・ファンドであるがゆえに、銀行の破産による預金の封鎖など様々なトラブルが生じており、そのこともファンド価格の暴落及びファンド財産の破産に影響を与えた[199]。その後バハマ共和国にあるIOS社の銀行も、破産を申し立て預金が封鎖されたので、この銀行に資金を預金していたファンド

---

199) BVIの回答によると、当時の幾つかのファンド財産は、以下の通りである。

・Investment Properties International（トロント）当時のファンド財産は9,500万ドルと評価されている。その後、破産が命じられた。
・FoF　オンタリオ（9,700万ドル）
・IIT　ルクセンブルグ　2億1,500万ドル（70％がドイツの投資家）
・ベンチャー・ファンド　オランダアンチェン島（3,700万ドル）
・Transglobal Growth Fund　カナダ（700万ドル）

IOSの株式暴落により、これらのファンドに投資をした投資家の手元には、元々の評価額の僅か10％返還されなかったと評価されている。破産したと認められているファンドは、全体の半分以上がドイツの投資家であった。この点からもIOSがいかにドイツに浸透していたかが理解されるであろう。

113

は痛手を受けた。その後1972年4月にIOS社でのコーンフェルトの持分を引き受けたロベルト・ベスコ（Robert Vesco）は、自らのIOSでの地位を利用して自分の保有する団体の破産に際して、IOS社の2億2,400万ドルを自らの口座に入れ、その後コスタリカに逃亡をした。IOSファンド持分の払戻は、1972年12月初めに中止された。1973年以来すべてのIOS関連会社は、最後まで販売されていたインベスターズ・ファンド及びファンドイタリアを除いては、すべて破産した。そのなかでは、英国でのみ持ち分が販売されたIOSファンドの持ち分も、破産整理された。投資家はそのあいだに1持分につき3、75ドルの支払いを受け取った。さらにその後持ち分に対し0.1ドル程度のが支払われた。これすらも僅か2,400名の持ち分者が該当するにすぎない。このように世界中に進出したIOS社は、1970年以降IOS危機といわれる状況の中で崩壊した。そこで次になぜIOSがこのような状況に陥ったのかを検討していく。

なぜIOS社が破綻したかという問題には、幾つかの答えが考えられる。まず一番に指摘されねばならないのは、ファンド・オブ・ファンズ（FoF）というシステムである[200]。しかもコーンフェルトは、これについてもしファンド・オブ・ファンズのファンド（FoFoF）ならば4倍の利益が上がり、ファンド・オブ・ファンズのファンドのファンド（FoFoFoF）ならば8倍の利益が生じると考えていた。これは単に投資家に対して手数料を2回払わせることを目的としたものであろう。明らかに論理的な矛盾がある。またこの

---

200) Cf. Raw, Page, Hodgson, *op.cit*., p.5.

第5章　外国投資持分販売と投資詐欺

　FoFというシステムは、ファンドの投資対象としては禁止されている対象に対して、間接的に投資をするためのいわば隠れ蓑として用いられた。しかも子どものファンド同士で持分の持ち合いをしていたので、資本が空洞化している。それと付随して、IOS社の取引手数料自体が高かったことにも言及されなければならない。従ってIOS社のシステムは客のためではなく、IOS社のマネージャーのみが収益を挙げるシステムであったといえるだろう。

　IOS社の違法な取引であるについても指摘しなければならない[201]。1962年以降中南米のベネズエラ、ブラジル、チリ、アルゼンチンといった国々で違法な外国為替取引を行い、国内営業停止処分になっている。その後中南米だけでなくギリシャやスペインなどの国々でもIOS社の営業は禁止された。しかもIOS社は仲介手数料を、バハマに住んでいるクラップという女性を経由して、すべて自分の勘定に入れていた。そのような通貨の違法取引に限らず、販売方法にもいきすぎた面があったため1967年には、アメリカからもIOSの営業は禁止されている。また同年IOS社は、ジュネーブから営業所の撤退を命じられる。職員1,200名のうち87人しか労働許可を持たなかったからである。それと同時に、ファンド財産の投資対象が無計画に投機的な対象であったことが挙げられる。例えば北極海での石油やガスの採掘に対する投機、または商品先物に対する投機等、殆ど破滅的な投機が行われた。しかもIOSのファンドは、北極海の権利の再評価に対してIOS社に1,000万ドル近くの手数料を払っている。この点からは、ファンドのマネージメント

---

201)　Cf. *Ibid*., p.5.

がでたらめであったことが理解されるであろう。

　続いてはIOS社は、自らの1億ドル近くの株式を一般投資家に売却したわけであるが、その際の企業情報開示も全くの虚偽であった[202]。IOS社のファンド財産の利得も不正に操作され、その利得に基づいて作成された販売目論見書も、重要な数字はほとんどが虚偽であった。例えば1969年度のIOS社の収益は、当初3,000万ドルと予想されたが、実際には、1,000万ドルを下回る数字がはじき出された。しかしコウエットは、部下に指示してその年度の収益を2,500万ドルに虚偽の申告をさせている。

　会社の内部としては、役員数が爆発的に増加したので[203]、年率200％を越すような人件費を初めとした恒常的な経常支出の拡大があったことが指摘される。しかもコーンフェルトのようなトップマネージャーは、常識外れの贅沢な暮らしをしていた。例えば彼は、ランボルギーニやロールスロイスといった超高級車を所有すると同時に、自家用飛行機も所有した。しかも彼は、スイスの高級リゾートを幾つも手に入れ、城を2つも所有していた。このように投資家から集めた資金から法外な手数料を徴収し、IOS社の有価証券を発行することによって得た資金を、結局一部の役員のために使い、その結果IOS社の会計を苦しくさせた。

　このようにIOS社は、崩壊するべくして崩壊したが、そのシステムが完成したのは、旧西ドイツである。旧西ドイツでのIOSの

---

[202]　Cf. *Ibid*., p.6.
[203]　Cf. *Ibid*., p.6. なお、なぜ爆発的に役員数が拡大したかというと、IOS社の営業上の構造と密接な関係がある（この点に関しては、ドイツにおける営業活動を参照のこと）。

販売は、なぜ他の国々と比較して、圧倒的に浸透していったのだろうか。法律的な背景を念頭に置きながらそのシステムを検討することにする。

2 ドイツにおける IOS 事件

(1) IOS 社進出の背景

世界的な規模で、オフショア投資信託を販売していた IOS 社であったが、組織的に IOS の販売体制が完成したのはドイツであった（前述）。しかも全世界で投資信託が販売されたが、その半分以上がドイツの投資家によるものであったとされている。なぜドイツではこれほどまでに IOS 社の活動が浸透したのであろうか。言い換えると IOS 社の進出を可能にした要因は何であったのだろうか。

まず第 1 に指摘されるべきものは、1960 年代のドイツには外国の投資信託販売には、何も法的な規制が及ばなかったことである[204]。確かにドイツ国内の投資信託販売については、1957 年投資会社法（KAGG）が規定していたが、これは、ドイツ国外で組成された投資信託の販売には、適用されなかった[205]。つまり外国ファンド及びオフショア・ファンドに対しては、1969 年外国投資会社法が制定されるまでは、全くドイツ国内の規制が及ばなかった。

---

204) Vgl. Jürgen Baur, *Investmentgesetze,* Berlin, 1970, S.422 ff.
205) ドイツ外国投資会社法（Ausländischen Investmentgesetz）1 条及び 2 条並びに KAGG 2 条参照（外国投資会社法の制定前後の状況に関しては、本章 3 を参照のこと）。

117

配当として利益を現金等で分配しない限りは、そのファンドは課税の対象にすらならなかった[206]のである。更に外国為替に対する制限も不十分であった。旧西ドイツ DM は、当時既に自由に交換が可能であった[207]。当時の銀行家は、以下のように当時の状況を述べている。「いかなるドイツ人が自らのすべての資産を 100 DM 札にして、車に積んで、スイスとの国境を越えてそれをすべてスイスフランに交換しても邪魔するものは何もなかった。」

次に指摘されるべきものは、ドイツにおける株式所有の割合の低さである。この点については、他のヨーロッパ諸国と比べてもこの傾向は顕著である。例えば 1960 年には、イギリスの株式所有者数は、約 350 万人であるのに対し、工業化が進展していると考えられていたドイツでは、100 万人にも達していなかった[208]。その後ドイツでは、様々な方法で個人の資金を資本市場に投資させようとしてきた[209]。例えば自動車メーカーのフォルクスワーゲン社を民営化したり、大銀行は、子会社として投資会社を作り独自の投資信託持分を販売したりした[210]。しかし 1960 年代経済状況が徐々に強化されたにも拘わらず、株式市場は、全く拡大しなかった。1950 年代の終わりに試みに株式に資金を投資した人々は、1960 年から

---

206) Cf. Raw, Page, Hodgson, *op.cit.*, p.185.
207) Cf. *Ibid.*, p.186.
208) Cf. *Ibid.*, p.186.
209) ドイツ政府は、何次にもわたる財産投資促進法（Vermögenanlage-förderungsgesetz）を制定し、個人投資家の資本投資の促進を促している（これについては、拙稿「非公開会社における新たな資金調達の可能性について」『信託』181 号 22 頁および本書第 3 章 2 (1) 以下参照）。
210) 1950 年当時のドイツの大銀行による投資会社設立の状況については、拙稿「ドイツにおける銀行業務と投資信託業務の利益相反について」『証券研究』110 巻 271 頁、および本書第 1 章 3 (1) 以下参照。

1961年にかけての株式の相場価格の約50%近い暴落により、痛手を被った。そこで多くの人々は、1960年代の中頃までは、平均利回り約4%前後の貯蓄預金に資金を預けていた。しかもドイツでは、銀行はユニバーサル・バンク制度なので、専門の株式のブローカーがいないことも人々の資金を株式市場に向けずに、預金へ向かわせた一因である。結果として1966年以降急拡大したIOS社の投資信託の販売キャンペーンにとって、預金に飽きたらない投資家層の存在は、まさに理想的な状況であったに違いない。

　また無視できない要素として、以下の要素を挙げることもできるであろう[211]。それは、1940年代に若者時代を過ごし、1960年代に貯蓄をしうる能力ある世代のアメリカに対する異常な信頼である。周知のようにドイツは、2つの世界大戦に敗北し、ヨーロッパの他のどの地域よりもドイツでは古い価値が信頼できないものとされた。従ってこの時代に貯蓄する資力がある中年層は、アメリカで販売されている投資信託が進歩的で、従来の貯蓄方法がいかに旧式であるかを信じることにあまり抵抗がなかったのであろう。この点もIOS社がドイツで急拡大した一因として認識されるべきである。

　このように1965年前後のドイツでは、IOS社が急拡大する背景は十分に整っていたのである。

（2）　IOS社の販売活動とその爆発的拡大

IOS社が初めてドイツに進出したのは、1957年であった。しかしその後数年間は、ほとんど活動をしていないと同じであった。60

---

211)　Cf. Raw, Page, Hodgson, *op.cit.*, p.186.

年代になり少しずつ投資信託が購入され始めたが、それでも1964年には、販売高はわずか480万ドルであった[212]。IOS社が初めに購入層として目を付けたのは、旧西ドイツ駐在の退役軍人を中心とする軍人層であった。しかしまだこの時点でもコーンフェルトでさえも、ドイツがIOSにとって金の鉱床であることは認識していなかった。

その後IOS社は一般投資家に対して販売を拡大していくが、ドイツの投資信託販売の中心となった人物が、エリ・ワリット（Eli Wallitt）であった。ワリットは、1961年の株式相場の下落の後、その後の貯蓄預金がほとんど唯一の運用方法であった風潮の中で、別の運用手段を探している個人投資家がたくさんいるだろうと推測した。彼の判断は正しかった。

ワリットとその部下のオジー・ネドレハ（Ossie Nedoleha）がしたことは、ドイツ国内に支店網を張り巡らすことであった。ネドレハはドイツを6つの支店に分け、1964年当時は、156人のセールスマンが活動していた。その後のワリットが作ったシステムが、1964年から1969年までの5年間に約5,000％の販売額の増加をもたらしたのである[213]。ワリットが採用したのは、ピラミッド型の組織形態を導入するというシステムである。例えばある支店が新人を1人採用したとする。するとその新人は、まずトレイニーから出発し、売り上げを上げるに従ってベイシック（Basic）、そしてアドバンスト（Advanced）というランクに身分が上昇する。そしてもし彼が30万ドル販売するとシニアとなる。そして彼には50株の株主会

---

212) 前述のBVIからの回答による。
213) Cf. Raw, Page, Hodgson, *op.cit*., pp.186-188.

第5章　外国投資持分販売と投資詐欺

に加盟すること、及び自分自身の部下のセールスマンを雇うことができることの2つの特権が与えられる。そして彼は1つのピラミッドの長となる。そして彼がもし更に良い販売実績を重ねていけば、例えば年間1,000万ドルの売り上げを上げれば、地域マネージャーからジェネラル・マネージャー（GM）に昇進する。すると彼には、自分自身のセールスの歩合が3.5%から4.5%に上昇するだけでなく、IOS社の800株の持分と彼自身の組織全体の売り上げの0.5%の歩合を取得できる。更に彼の部下がその部下を増やせば、彼の歩合も上昇するという仕組みである。

さらに注目すべきは、IOSの販売方法である。前述のように、1960年の中頃には、潜在的な投資ブームが存在していたので、IOSは、新しい積極的な方法により、新しい大衆を動機づけるということを始めた。それは大がかりな宣伝と戸別訪問であった。当時は、外国投資会社に対しては、法律上広告の規制がなかった[214]。しかも販売目論見書も確認される必要がなかったので、販売員達は玉虫色の販売目論見書に基づき営業をした。この点確かに営業法（Gewerbeordnung）は、路上販売（Reisegewerbe）による有価証券の販売を禁止していたが、事前の合意に従い購入希望者を訪問することは禁止していなかった。この可能性はIOSの販売員を注目させ、「あなたは本当に金持ちになりたいのですか（Wollen Sie wirklich reich werden ?)」という刺激的なスローガンとともに、IOS社のセールスマンの強力な武器となった。

またワリットは、別の方法を使って営業実績を爆発的に飛躍させ

---

214) Vgl. Assmann, *a.a.O.*, SS.74-75.

ている。その方法とは、著名人を顧問に採用することにより、IOS社のイメージを上昇させる方法である。この方法により、ワリットはIOS社を大衆化させることに成功した。彼は、元の大蔵大臣のフリッツ・シェイファー（Fritz Schäffer）等の大物政治家をスカウトしようとしたが、最終的に一人の大物政治家のスカウトに成功した。その人物とは、1963年キリスト教民主同盟のエアハルト内閣の下で副首相を務めたFDPの党首のエリッヒ・メンデ（Erich Mende）であった[215]。なおコーンフェルトは、1969年までエアハルト元首相自身もスカウトし続けていたが、奏功しなかった。その後メンデは更に、FDPの閣僚経験者等を数名IOSに引き入れた。

メンデは最初ドイツのIOS社の議長として雇われたが、しかし彼はほとんど熱狂的にIOS社のために奉仕をした。1967年から2年半もの間彼は、ドイツ中を飛び回り、投資信託の復権について説いて回った。彼は200以上のIOS社の簡易事務所をつくり、1969年にはIOS社のために6万人以上の人に接触した。メンデは政治家の活動のように、IOS社のためにあらゆるパーティーや夕食などにも顔を出した。

その結果メンデは、しばらくは、他のどの地域のIOS社も達成し得なかった成功をIOS社にもたらした。メンデの功績は、IOSの投資信託を単なる投資対象ではなく、流行としたことであった。その結果68年及び69年には、IOS社が初めて本当の一般大衆の

---

215) Cf. Raw, Page, Hodgson, op.cit.,pp.193-195. その他にもコーンフェルトは、積極的に著名人と会見することによりIOS社のイメージを高めようとしている。例えば彼は、1968年12月10日に35分間ローマ法王と謁見した。

第5章　外国投資持分販売と投資詐欺

中に入り込むことに成功した。月次販売報告がそれを物語る。1967年の中頃には、月額約2,500万ドルの売り上げであったものが、メンデが加わった1968年の中頃には、売り上げが月額約7,000万ドルに跳ね上がった。そして1969年の6月には、1億5,000万ドルを記録している。しかしその熱狂も1969年の中頃には、危険の兆候が見え始め、IOSの論理に疑問を抱き始めた人が現れ始める。

（3）　IOS社の崩壊

ドイツにおいて完成したIOS社の投資信託販売システムは、しかし構造的な欠陥を有していた。それは販売システム自体がいわゆるわが国のネズミ講と同じように、ピラミッドの最上階の役員のみが得をするシステムであったことである。そのようなゲームは、新たな顧客がドルを払い続ける限り続くが、その拡大はいつまでも続くはずがない。

　その販売体系の矛盾は、以下の諸点で露呈した。例えば　このような状況が続くと、グループ内の競争が激化しすぎる可能性があり、果てしない競争が続く。必然的に必要以上の競争と能力給はセールスの倫理とセールスの質を低下させる[216]。初期のセールスマンは、医者や弁護士のような洗練された投資家であった。しかしセールスの圧力が強まるにつれ、良心的なセールスマンが少なくなっていった。例えばある農夫は、銀行から納屋を修理すると言って資金を借りて、それを全部IOS社のファンドにつぎ込まされた。その後その農夫は20万マルクを投資して6万マルクを失ったという。また

---

216) Cf. *Ibid*., pp.191-192.

あるセールスマンは、結婚紹介所から情報を得て、女性を勧誘したという事件も起こった。またセールスマンの中には、過去に詐欺で逮捕された経歴を持つ人物が含まれていた。彼はドイツ語が全然話せなかったが、かなりの販売実績を上げた。彼の上司は、彼自身の上司やワリットに対してこの情報を流したが彼らは関心がなかった。コーンフェルトも同じであった。その後その人物はIOS社で働き続け、後年詐欺の罪でスイス警察に逮捕されている。またあるIOS社のセールスマンは、自分のセールスグループを作るのを急ぐあまり、自分の家族にプログラムを販売するだけでなく、自分たちの親戚をもセールスマンとして雇ったのである。更に深刻なことは、彼らは顧客がIOS社に投資できるように、資金を貸し付けていたのである。

　続いて指摘されるのは、組織内部の職制上の問題である[217]。例えばある人物が自らの販売実績により、ジェネラル・マネージャー(GM)になったとする。すると既に存在していたGMは、スーパーGMとなる。これは、1966年にネドレハが初めてGMの地位に昇った時、ワリットの下で起こった。しかしドイツでのその鎖は、終わらなかった。ネドレハの部下のクンクラー(Werner Kunkler)は、ネドレハの下でGMとなり、その部下であるシュナイダー(Schneider)はクンクラーの下でGMとなった。するとクンクラーは、スーパーGMとなり、ワリットは、スーパースーパーGMとなった。そしてその後もこのプロセスは、止まらず、ワリットはスーパーGMの4乗となり、1970年の最盛期には、GMの上に少

---

217) Cf. *Ibid*., pp.197-198.

第5章　外国投資持分販売と投資詐欺

なくとも4つのランクが存在した。

　これに伴って、IOS社は手数料率も変えざるを得なかった[218]。何年もの間顧客が支払った8.5％の手数料は、2％が会社、そして6.5％がセールス部隊というように振り分けられていた。簡単に言うとその6.5％のうち半分は、実際にセールスをした人、そして残りの半分は、複数のマネージャーの間で分配された。しかし前述のようにピラミッドの頂点のみが高くなってしまいマネージャー自身に振り分けられる歩合が少なくなってきた。そこで手数料体系全体を改正するのであれば説得力があるが、しかしIOS社は自分に入るはずの手数料の2％の4分の1つまり0.5％を削減したのである。そしてそれをすべてスーパーGMに配分したのである。つまりIOS社自身ではなく、役職員個人のみを豊かにさせるシステムであったのである。そこにIOS社自体が危機となった原因の1つがある。しかもこのシステムでは、役員数はIOS社が活動をする限り無限に増大する。従ってそれに伴ってIOS社本体の人件費を含む経常支出が年率200％を超える拡大をしていた。この点もIOS社が弱体化した原因であろう。

　以上のようなIOS社の矛盾が爆発しそうになってきたところに、ドイツ国内の投資家にとって大問題が生じた。1969年の米ドルの旧西ドイツDMに対する切り下げである[219]。これにより、ドイツの投資家が受け取るはずであったDMが減少をし、投資家の間に不満の残るものとなった。このような状況の中で1970年にアメリカ証券取引所においてIOS社の株式が暴落し、さまざまな矛盾が

---

218)　Cf. *Ibid*., pp.196-197.
219)　前述のBVIの回答による。

125

一気にふきだし、IOS 危機と呼ばれる現象を招いたのである。

このようにドイツ国内では、前述の国際的な IOS 活動の矛盾のほかに、さまざまなドイツ特有の問題をも抱えていた。その後 IOS 社がマネージした 18 のファンドは、2 つを残して総て破産をし、IOS 社自身も倒産をし、後には救済されない個人投資家が残された[220]。特に問題となったのは、IOS 社の投資信託の販売目論見書が全くの虚偽の記載であり、それを信頼して取引をした個人投資家はどのような責任追及ができるかであった。そこで 3 では、その後ドイツでは、外国投資信託法が立法化されて、外国ファンド及びオフショア投資信託のドイツ国内販売がどのように規制されるようになったか及び目論見書を信頼して取引に入ったものに対してどのような保護が与えられるようになったかを中心に、外国投資信託法の制定状況並びにその内容を検討していく。

3 ドイツにおける外国投資持分販売と外国投資会社法の制定

(1) 外国投資会社法の制定

ドイツにおいては、国内投資信託販売については 1957 年 KAGG で規制されていたが、外国会社の投資持分販売に対する規制はまだ緊急のものとはされていなかった[221]。しかも 1958 年末の DM の交換可能方式（変動相場制）の導入までに、外国投資会社の持分販売は、副次的な役割を果たした。しかし外国為替法（Devisenrecht）

---

220) Vgl. Assmann, *a.a.O.*, S.12.
221) Vgl. Baur, *a.a.O.*, S.417.

第5章　外国投資持分販売と投資詐欺

の制限が取り外されたことにより、その販売高及び販売額の割合に変化が生じた[222]。

外国投資持分販売についての特に重要な要素は、前述のような外国投資会社に対する販売方法及び広告についての規制が及ばなかったことである[223]。そのため1960年代後半には、ドイツにおける外国投資持分販売は、急激に拡大した[224]。外国投資会社の売上増の原因は、販売方法が改良されたことだけではなく、ドイツ国内の投

---

[222] 1959年にはじめて報告された数字によると、外国投資持分の純販売額（Nettoabsatz）は、8,000万DMとなった。投資証券（Investmentpapiere）の全販売額において、外国投資持分の販売は約7分の1であった。購入された外国投資持分は、その50％がスイス及びリヒテンシュタインからものであり、残りのうち40％はベネルクス諸国からのものであった。他方アメリカ及びカナダからはわずか10％に過ぎなかった。その後1958年から1968年中ごろまでのドイツにおける外国投資持分販売の割合は、以下の通りである。外国投資持分全体におけるアメリカ及びカナダの販売高の割合は約25％となったが、一方その影響でベルギーとルクセンブルグ籍のファンド（ほとんどがルクセンブルグ籍のもの）の割合が約20％に落ち込んだ。さらにその後1969年11月までの統計によると、外国投資持分販売における米国及びカナダの割合は35.3％に登った。オランダのファンドは約全体の12％、一方スイスのファンドは10％と計算される（Vgl. Baur, a.a.O., S.417-418.）。

[223] 注214）参照。

[224] 1959年以後はしばらく外国投信証券の販売が大幅に落込んだが、1963年に約1,700万DM、64年には2,000万DM、65年には7,700万DMに回復した。その後純販売高は66年には15,200万DM、67年には約3億DMと倍増した。同時に外国投信の販売高は、67年にはドイツの投信販売の40％に達した。1968年には外国投信の純販売高は9.5億DMであり、一方ドイツ国内会社の投信販売は16.63億DMであった。そのなかで国内株式ファンドは8.9億DMであった。1969年には11月までに外国ファンドは20億DMを超える販売をし、他方国内投信販売は31億DMとなっている。国内投信販売も販売高が急激に伸びていたにも拘らず、それによる市場占有率（Marktanteil）は、外国投信販売のために伸びていない（Vgl. Baur, a.a.O., SS.418-419）。

127

資会社が投資家保護の理由から採用することができなかった販売及び広告戦略をとることが出来たからである。その結果当時ドイツ国内には競争制限的な差別が存在した。

しかも外国投信の販売方法には規制が及ばなかったため、公に確認されていない販売目論見書に基づく詐欺的な投信販売に対しては、投資家保護の問題も指摘されていた。そこでドイツ政府は、KAGG 60 年法の改正に関する立法発案の形で、外国での投資会社の営業の開始に際して銀行監督当局の許可が必要とすることにより、外国投資会社を自らの管轄下におこうとした[225]。この提案は結局法律とはならなかったが、この一連の提案で外国投資持分販売に対する投資家保護の必要性は、広範に認識されるに至った。

その後更にこの矛盾が拡大するに及んで、1967 年はじめには既にドイツ投信会社協会の研究団体（Arbeitsgemeinschaft）は、ドイツ政府に有効な措置を求めた[226]。また信用営業及び保険業の連合もまた 1968 年はじめに連邦経済省に対して同様の誓願書を発表した。その後連邦経済省はまず外国投資会社と任意に話合い、ドイツ市場の習慣に順応することを求めた。その後 1968 年 4 月にはじめて基本的な考えが示され、その際にドイツ政府はヒアリングを行い、1968 年 7 月に草案が提出された。その草案は連邦参議院が 1968 年にはじめて賛成した後に、1968 年 11 月に連邦議会に伝達された。その草案の最初の部分は、外国投資会社法に関する部分で、第 2 部は KAGG の改正に関する部分である。立法草案は連邦議会による

---

225) Vgl. Baur, *a.a.O.*, S.418.
226) Vgl. Baur, *a.a.O.*, SS.420-422.

第5章 外国投資持分販売と投資詐欺

変更を経て、1969年6月26日第2及び第3委員会（Lesung）で全会一致で可決された。連邦参議院は、1969年11月7日に法案に同意した。法律は連邦官報1969年7月31日の68巻986頁に公表された。同法22条により1969年11月1日に施行され、16条により1969年の8月1日に代理人であったものに課税される。

外国投資会社法の立法目的につき、ドイツ政府は以下のように説明をしている[227]。「本法の目的は、連邦政府理由書により、連邦の外国投資持分販売を経済法的な規定により以下の目的のために規定する。すなわち①貯蓄者の保護のための規定及び有価証券貯蓄の促進を継続し、②税法による外国及び国内の投資収入に対する原則的な課税の平等を作り出すことである。決してドイツにおける外国投資会社の行動を制限することが目的ではない。」特別の経済法的規制の必然性についても、立法者は以下の点を明らかにしている。「すなわち営業令及び独占禁止法に対し一般法の規定から離れて、外国投資会社の活動による影響が、投資貯蓄の発展にとっては重大であり、単に外国投資会社に課税したり宣伝を規制するだけでは不十分である。また経済秩序的な理由から、特に国内外の投資会社及びその販売会社間の可能な限りの平等な競争条件を確保するために外国投資持分販売を将来一定の条件のもとで許可制にすることは当然のように思える。」

以上のような立法目的及び立法過程で制定された外国投資会社法により、ドイツにおける外国投資持分販売は、どのように変更されたのであろうか。虚偽の販売目論見書に基づく目論見書責任の問題

---

227) Bundestag-Drucksache 5/3495, S.14 ff.

を中心に検討する。

（2）　外国投資会社法による規制と特別法上の目論見書責任

1969年6月26日連邦議会は、外国ファンドを規制する新しい法律を可決し、11月1日に発効した。それにより IOS 社はどのような影響を受けたかというと、もはやファンドのファンド FoF はドイツでは販売することは不可能となった。しかしそれは IOS 社に対して重要な影響を与えはしなかった[228]。なぜなら IOS は1967年に独自の国内ファンド、インベスター・ファンドを創り出したのである。それにより IOS 社は、インベスター・ファンドから再投資した FoF の償還で、ほとんど販売に困難はなかった。結局 IOS 社が倒産したのは、内部矛盾によるもので、外国投資会社法の直接的な影響というわけではない。

続いて外国投資信託会社法の規定を直接検討したい。外国投資会社法により、外国投資持分を公開の提供（öffentliches Anbieten）または、公開の宣伝（öffentliches Werbung）で販売する外国投資会社には、外国投資会社法が適用される（外国投資会社法1条1項）。更に外国投資会社が外国投資持分を販売する場合には、監督当局による許可が必要とされ、その許可が下される営業については限定列挙されている（外国投資会社法2条）。しかも実際に外国投資持分をドイツにおいて販売するには、監督庁にその旨を届け出なければならない（外国投資会社法7条1項）。その際に約款及び販売目論見書並びに宣伝用のパンフレット（Werbschrift）等を添付しなければならな

---

228)　Cf. Raw, Page, Hodgson, *op.cit*., pp.191-192.

第 5 章　外国投資持分販売と投資詐欺

い（外国投資会社法 7 条 2 項）。外国投資会社はその際には、投資持分の購入者に対して、約款及び販売目論見書並びに売買契約書の写しを交付しなければならない（外国投資会社法 3 条 1 項）。しかもそこには、取り扱い会社の手数料も表示しなければならなくなったので、IOS 社の FoF のように手数料を複数回取ることは基本的にできなくなった。さらに販売目論見書には、外国投資持分販売に関して基本的に重要な情報が殆ど含まれているので、外国投資会社法制定前のような虚偽の販売目論見書に基づく販売は禁止された。もし販売目論見書が虚偽である場合、販売目論見書に基づいて投資持分を購入したものは、外国投資会社及び管理会社並びに販売会社を連帯債務者として引き取りを請求できる（外国投資会社法 12 条 1 項）。

また投資持分を販売する際の広告についても、規制がなされた。ある投資持分販売が投資家にとって著しく有利であるような印象を与える場合及び監督官庁の権限を伴う販売であることを印象づけるような広告については、連邦監督官庁は、その広告を禁止できる（外国投資会社法 10 条 1 項）。他方投資家の側でも、もし投資持分販売が常設の営業用店舗（ständigen Geschäfträume）で行われた場合には、2 週間以内に書面で販売者に通知することにより、クーリングオフできることとなった（外国投資会社法 11 条 1 項）。

同時に外国投資会社は、年度末決算、特別財産の状況、発行価格そして買戻価格を連邦公告誌（Bundesanzeiger）に公告しなければならない（外国投資会社法 4 条 1 項）。この計算書類は、当該外国投資会社が連邦監督局に届け出をする際に、会計士により監査されなければならない（外国投資会社法 7 条 2 項 6 号）。

以上のように 1960 年代に外国投資持分販売で使われた方法が外

国投資会社法により規制されたわけであるが、特に目論見書責任はKAGGや証券取引所法（Börsengesetz）等の関係諸法でも規定された[229]。これにより、投資家保護が図られたのであるが、1及び2で検討してきたIOS事件の影響等もあって、1990年代まではドイツにおける投資信託は、あまり盛んであるとはいえなかった。

4　投資信託販売と投資詐欺

IOS事件を中心に1960年代後半のドイツにおける外国投資持分販売に関する状況を検討してきたが、最後にIOS事件に対する検討をまとめることで、本章の終わりとしたい。

コーンフェルトとコウエットにより設立されたオフショア・ファンドの運用会社であるIOS社は、その積極的な販売方法により急速に業績を拡大したが、以下のような理由で多数の投資家を裏切った結果になった。まずIOS社は、①投資信託により資金を集めたが、集めた資金を通常の有価証券による運用だけでなく、石油採掘や商品先物等の投機に当てていた。資金を運用する際には、②更に外国為替取引法等に違反する違法な取引を行っていた。投資信託の構造としては、③いわゆるファンドのファンド（FoF）により

---

[229] 目論見書責任に関して、チュービンゲン大学アスマン教授の理論によると、投資会社や証券取引市場のような整備された市場（organized Kapitalmarkt）では、外国投資会社法及びKAGG並びに証券取引法のような制定法的な目論見書責任（gesetzliche Prospekthaftung）が妥当する、という。これに対して灰色の資本市場には、判例により形成された一般民事的な目論見書責任（allegemeinezivilrechtliche Prospekthaftung）が妥当する（Vgl. Assmann, *a.a.O.*, S.79 ff.）。

第5章　外国投資持分販売と投資詐欺

手数料を高く徴収し、しかも FoF により、間接的に資金を投機に向けいていた。更に④ファンド同士で持分の持ち合いをして資本の空洞化を生じさせており、⑤約款で禁止しておきながら、自分のファンドに自らが発行した株式などの有価証券を取得させて、IOS 本体を通じ役員が高額の報酬を取得していた。

　全体的にみると以上のような特徴を有するが、特にドイツでは、IOS 社により損害を被った投資家が多かった。これについては、1960 年代後半のドイツでは、IOS 社のような外国投資持分やオフショア・ファンドを販売する外国投資会社が活動しやすい状況がそろっていたことが理由として挙げられる。具体的には、銀行預金等に飽きたらない投資家のニーズがあったこと、外国投資会社の活動特に虚偽の目論見書に基づく誇大広告による投資持分販売に対する法律的な規制が及ばなかったこと等がその理由である。

　そのような状況の中で、IOS 社がドイツの一般投資家に深く入り込んで、そして多数の投資家に被害を与えた理由は以下の通りである。まず、①ドイツ国内のセールスマンの組織が、ネズミ講のような矛盾をはらんだシステムであったことが挙げられる。このシステムは、最上層部のものだけが得をするシステムであり、手数料などの根本的な点で矛盾を含むものであった点が指摘されるであろう。次に②虚偽の数字に基づく誇大広告や、半ば違法な強制的な販売方法が指摘される。IOS 社は、決算の数字を虚偽に報告したり、詐欺まがいの販売方法で売り上げを拡大していった。しかしこの矛盾は、IOS 危機と呼ばれる IOS 社の株式暴落等一連の事件により、表面化した。そして③ドイツでは、元副首相を顧問に迎えて、イメージの上昇を図るとともに、その人物を使うことにより急

速に大衆に浸透していったことが挙げられる。

　このような詐欺的手法は、現在法的紛争が続いている投資信託やワラント販売に関するトラブルについて重なる部分がある。この点は金融機関の説明義務の問題として総合的に議論する必要がある（非常に大きな議論であるので、別稿に譲る[230]）。

---

[230] 現在金融サービス法のなかに説明義務を認めるか否か審議されているが（2000年5月現在）、私見としては一般私法上金融機関には「説明義務」を認めるべきであり、説明義務違反は不法行為や場合によっては債務不履行を構成すると解するべきである（詳細は、拙稿「金融機関の説明義務に関する一考察」『法政理論』30巻3号109頁以下参照）。

終　章　ユーロ導入とドイツ投資信託の展開
　　　——第3次資本市場振興法による投資信託の改革
　　　と将来——

問題の背景

　我が国では金融ビッグバンの進展に伴い、投資信託がにわかに脚光を浴びている。しかしながら、銀行による投資信託の窓口販売が鳴り物入りで開始されたが、そのことが直接投資信託販売の拡大につながっているとは言い難い。周知のように、アメリカでの好景気の理由の1つに株式市場の好調さが挙げられるか、その中で投資信託の果たした役割が大きいと指摘されている。確かに、米国では個人投資家の資金が投資信託・年金を通じて資本市場に大量に流入している。その資金が米国の資本市場の好調さを支え、企業の資金調達の多様化に一役かっているのは疑いもない事実である。

　他方目をヨーロッパに移すと、1999年1月から統一通貨ユーロが導入され、欧州統合が最終段階を迎えている。その中で経済を引っ張る中心的な役割を果たすと期待されているのがドイツであり、マーストリヒト条約においてドイツ型のユニバーサル・バンクが欧州域内の金融機関の形態として採用されている点から鑑みると、業績が好調なドイツ金融機関が通貨統一後の欧州市場において中心的な役割を果たすことは疑いがない。

　近年ドイツでは、欧州の金融センターを目指し様々な金融市場改革が行われている。その中で特に重要なのが、ドイツ版ビッグバンと呼ばれる第3次資本市場振興法（das 3. Finanzmarktförderungsgesetz）である。第3次資本市場振興法のもっとも大きな目玉の1つが、投資信託改革であり、投資会社法の改正である。この中では従来なかった新しいファンドの創設が法律上認められており、投資信託の新しい可能性が指摘できるものである。また同様に重要なのは、ユーロ導入法（das Euro-Einführungsgesetz）によるドイツの金融市場改革である。本章では、第3次資本市場振興法によるKAGG の改正点を中心にして検討したい。

そして通貨統合が達成された欧州市場の中で中心的な役割を果たすと期待されるドイツにおける投資信託を検討することによりユーロ市場においてドイツ投資信託の役割を理解すると同時に、新しく組成が認められたファンドを検討することによりわが国における今後の投資信託の可能性を検討するものである。

1 ドイツ投資信託の現況
　　——金融市場ファンドと第2次資本市場振興法

1993年第2次資本市場振興法及びそれに伴う投資会社法改正並びにいわゆるＯＧＡＷ準則[231]（Richtlinie）により、いわゆる純粋な金融市場ファンドが創設された。金融市場ファンドとは、「投資会社に預けられた資金を銀行預金又は、金融市場商品（Geldmarktinstrumente）に投資をする」特別財産の持分である[232]。金融市場商品とは、特別財産としての取得の時点で満期までの残余期間が多

---

231) Richtlinie des Rates vom 20.December 1985 zur Koodinirung der Rechts-und Verwaltungsvorschuriften betreffend bestimmte Organismen fur gemeisame Akagen in Wertpapieren(OGAW)(85/611/EWG)
232) KAGG Artikel 7 a, Abs(1).

終　章　ユーロ導入とドイツ投資信託の展開

くとも12ヶ月である確定利付有価証券（verzinsliche Wertpapiere）、消費貸借債務証書（Schuldscheindarlehen）及びその利札（Verzinsung）を対象とする[233]。これは投資信託の対象に金融派生商品及び短期市場金利連動の商品が認められ、それらに対する49％という上限が外されたことを意味する。

しかしながら我が国のＭＭＦが証券会社の主力商品としてローリスクの金融商品として定着しているのと同様に、ドイツでも金融市場ファンドは安全な投資商品として評価され[234]ている。そこでドイツの金融市場ファンドも金融市場証券の発行者に一定の制限を設け、投資家保護を図っている[235]。しかし手形に関しては、国庫手形（Schatzwechsel）及び同様の機能を持つ証券を除いては金融市場ファンドの対象としては取得できない[236]。また原則として同一の発行者が発行する有価証券等は、当該特別財産の5％を上限としてそれ以上は取得することはできない。但し国等又は自己資本5,000万DM以上の企業等特別に規定する発行者の場合には、例外として当該特別財産の価格の15％まで同一の発行者の発行する証券等に投資することができる[237]。

また同様に投資会社は自己に預けられた資金の全部又は一部を預

---

233)　KAGG Artikel 7 a, Abs(2).
234)　Vgl. BVI *Investment,* 98 S.12.
235)　KAGG 7 b 条によると、当該禁輸商品の発行者（Aussteller）として認められているのは、金融機関（Kreditinstitut）や国内外の証券取引所に上場している企業、自己資本が1,000万DM以上の企業、及び株式法（Aktiengesetz）18条にいうコンツェルン企業等である。
236)　KAGG Artikel 7 b, Abs(2).
237)　KAGG Artikel 7 c, Abs(2).

入期間12ヶ月以内の銀行預金に投資することができる[238]。その場合その預金は受託銀行又はその他の金融機関の封鎖口座で運用されなければならない。なおこの場合当該金融機関とは、国内銀行であれば預金保護機構の構成員であり、国外銀行では欧州連合（Europäischen Union）の他の構成国のそれに相当する保護機構の構成金融機関、もしくは欧州経済共同体（Europäischen Wirtschaftraum）協定国内で預金保護機構で完全に保護されている金融機関に限る、とされている[239]。EUとそれ以外の国家間で扱いを異にしている点が注目される。この点でも、近時多発する金融破綻を踏まえて、投資家保護が図られているといえる。

1997年の資料[240]によると、1997年は金融市場ファンドの運用利回りが比較的不調の年であったといえる。ドイツにおける金融市場ファンドの利回りは、1.92〜3.01％で、平均すると2.67％であった。しかしながら他のファンドと比べ安定的な運用をしている点が特徴的である。このように金融市場ファンドは順調に発展し、1997年末には432億DMを販売し、全ファンド中8.8％の販売高を占めている。

2　EU通貨統合及び第3次資本市場振興法による投資信託の改革

（1）　有価証券・不動産混合ファンドと不動産組合に対する出資
第3次資本市場振興法により、ドイツは統一ユーロの導入された

---

238)　KAGG Artikel 7 d, Abs(1).
239)　Vgl. J. Baur, *Investmentgesetz*, 2. Aufl. (Berlin,1997) S.398-400.
240)　Vgl. BVI, *Investment*, 1998, S.15.

終　章　ユーロ導入とドイツ投資信託の展開

欧州において最先端の投資諸法をつくり、欧州の金融センターとしてのドイツの地位を強化することが目的である。またドイツでも迫り来る高齢化社会に対応して、老齢対策の領域で投資信託がどのような役割を果たせるか、についても一定の検討をしている。以下分析する。

　第3次資本市場振興法により、従来は事実上存在してきた有価証券と不動産の混合ファンドが新しく法定された（KAGG 37 a 条以下）。これは投資会社に預けられた資金を有価証券及び不動産等に投資するファンドである[241]。それぞれの混合ファンドは、対象として不動産を取得するのであるが、リスク分散を徹底させるために、少なくとも10以上の不動産を所有しなければならず、しかもそれぞれの不動産価格が特別財産全体価格の15％以下でなければならない。但しこの原則は不動産ファンドが設定されてから4年が経過したときに、満たされていればよい。しかし上限が決められていると、運用先はオフィスや住宅に限られ、大規模なリゾートなどには利用できない可能性が強い点に注意が必要であろう。

　その点従来の不動産ファンド（Grundstücksfonds）に関する諸規定は、大幅に変更された。投資会社は自らに預けられた資金を不動産特別財産の計算で不動産組合の持分（Beteiligung an Grundstücksgesellschaften）を購入することができる[242]。この場合における不動

---

[241] 従って従前のほとんどの不動産ファンド（Immobilienfonds）は、投資対象を不動産だけでなく有価証券や銀行預金に拡大している点で、混合ファンドであるといえる。このファンドに関する詳細は、拙稿「不動産共同投資と投資信託——ドイツの不動産ファンドを中心として」『信託法研究』22号21〜47以下および本書第4章を参照。
[242] KAGG Artikel 27 a, Abs(1).

139

産組合とは、組合であって定款における取得対象物が通常の土地の他に、借地、営業地（Geschäftsgrundsücke）、及び混合地（gemischt-genutze Grundstücke）地上権並びに住居所有権、部分所有権、住居地上権及び部分地上権の形態における権利となっている組合である[243]。取得対象不動産はEU参加国内に限られている。

つまりKAGG 27 a条以下の意味における不動産ファンドとは、投資対象を不動産組合の持分及び不動産価格の50％以内の消費貸借（貸付）、並びに他の有価証券ファンド及び金融市場ファンドの持分に限ったものである。そうすることにより、投資会社は不動産の運用に専念することができ、払戻に必要な流動性は他の有価証券ファンド等の専門家の運用者に任せることが可能となった[244]。しかも法的に組合の形式を採ることにより、商法典（Handelsgesetz-buch）319条1項にいう決算監査役（Abschlußprüfer）を選任するなど商法の適用がある点が特徴的である。

ただし従前の不動産ファンドと同様にリスク分散の法則から不動産の数及び価格に関する制限及び1つのファンドに対する投資の上限は存在する。

このように第3次資本市場振興法により、厳密にいうと法的には銀行預金や有価証券をも投資対象とする従来の不動産ファンドは混合ファンドの範疇に含まれることとなり、新しい意味での不動産ファンドとは不動産組合に対する持分を取得する不動産特別財産の持分となった。その結果不動産ファンドの運用者は不動産の運用に専念できることになった。

---

243) Vgl. KAGG Artikel 27 a, Abs(1) Nr.1, 2.
244) Vgl. BVI, *Investment,* 1998, S.30.

（2） 高齢化対策ファンド

周知のようにドイツでは、介護保険が既に実施されるなど、高齢化社会に対する対策が急ピッチで進展している。その一環として第3次資本市場振興法により、高齢化対策ファンド（Altersvorsolgefonds）が創設された。

高齢化対策ファンドとは、投資会社に払い込まれた資金を少なくとも18年以上または持分貯蓄者の年齢が60歳になるまで[245]の長期間保管させ、その対象を有価証券、債務証書、不動産ファンド、参加持分ファンド（Beteiligungsfonds）[246]及び金融市場ファンドの持分並びに不動産組合の持分等に分散投資するものである[247]。

それぞれの取得対象に関し、上限が詳細に法定されている。不動産特別財産に関しては、高齢化対策特別財産（Altersvorsorge-sondervermogen）の価格の30％までは投資をすることができる[248]。また参加持分ファンドの持分は高齢化対策特別ファンドの価格の10％が上限である[249]。同時に株式及び参加持分ファンドの持分の合計が高齢化対策特別ファンド総額の75％を超えてはならない。しかし株式及び不動産ファンドの持分並びに不動産組合の持分の合計は高齢化対策特別ファンド価格の51％を超えていなければなら

---

245) KAGG Artikel 37 m, Abs(1).
246) 参加持分ファンドとは一言でいうと参加持分財産の一部をベンチャー企業の未公開株式に投資するベンチャーキャピタルファンドである（詳細は、拙稿「非公開会社の新たな資金調達の可能性について——ドイツにおける参加持分投資信託ファンド（Beteiligungsfonds）を中心として」『信託』181号14～29頁、なお本書第4章参照）。
247) KAGG Artikel 37 i, Abs(1) Nr.1-3.
248) KAGG Artikel 37 i, Abs(4).
249) KAGG Artikel 37 i, Abs(5).

ない。逆に銀行預金、金融市場証券（Geldmarktpapiere）、金融市場ファンド持分及び外国投資持分の合計は49％を超えることはできない。金融派生商品等の金融商品に関しては、老齢対策特別ファンドに保有されている資産の価格下落が予想されるときの対策（ヘッジ）のときのみ可能である[250]。為替リスクを伴う商品に関しては、やはり30％を上限としている。

　高齢化対策特別ファンドの最大の特徴は、運用による収益を利益配当しないということである[251]。また投資会社法第6条1項2文によると、原則として特別財産に属する目的物は投資会社の所有または持分者の共有の形態で所有されるが、高齢化対策特別ファンドに属する目的物は投資会社の所有という形式のみ可能である。従って投資会社自身は、基本的に持分者から解約請求があっても自らの所有であるので基本的に応じる必要はない。

　投資会社は高齢化対策特別ファンドの運用に関しても、他のファンドとは異なる配慮が要請されている。すなわち投資会社はどのように運営するかをあらかじめ老齢対策貯蓄計画（Altersvolge-Sparrplane）の中で説明しておかなければならない。

　前述の通り高齢化対策特別ファンドの預入期間は長期にわたるため、投資家の権利に対しても投資会社法は特段の配慮をしている。持分証券購入者である持分証券貯蓄者（Anteilschein-Sparer）は、3ヶ月というクーリングオフ期間の中では自由に解約をすることが認められている。預入期間が長いための措置である。もし契約者が契約後に職を失った場合には、その後4週間以内に解約するか否か

---

　　250)　　KAGG Artikel 37 i, Abs(9).
　　251)　　KAGG Artikel 37 h, Abs(2).

の決断をしなければならない[252]。逆に投資会社の方で契約を解除できるのは、より重要な理由（wichtiger Grund）によらなければならない。一部の持分貯蓄者が契約締結後に失業したり死亡したことにより貯蓄者の義務が果たされない場合といえどもこの場合に該当しない。

投資会社は当初の高齢化対策計画の終了後投資会社自身が高齢化対策特別財産の計算で持分証券と引き替えに一定の金額を支払う義務を負う。この際精算する義務については法定されていない。以上のように高齢化対策特別ファンドとは、主に20年以上の期間不動産ファンドや有価証券などに投資をすることにより、老後資金の生成を目指す投資信託である。

（3） 投資信託ファンド

同じく第3次資本市場振興法により、投資信託ファンド（Investmentfondsanteile : Dachfonds）の組成が認められた。これは投資会社が自らに投資された資金を、①スペシャル・ファンドを除く、金融市場特別財産、有価証券特別財産、参加持分特別　財産、有価証券・不動産混合特別財産及び老齢対策ファンド（Altersvorsorgefonds）の持分、②外国投資信託法に従い国内で公式に営業を許可され、かつ当該持分に関して投資家　が持分返還に関する権利を有するような外国投資持分に投資するファンドである[253]。つまり他のファンド持分に投資するファンドのファンドである[254]。

---

252) KAGG Artikel 37 m, Abs(2).
253) KAGG Artikel 27 l, Abs(1).
254) Vgl. BVI *Investment,* 1998 S.31.

このファンドはドイツにおける投資会社協会である BVI によると、これまで諸外国で解禁されていた。ファンドのファンドをドイツ国内でも可能にし、例えば株式市場や金融市場におけるそれぞれの専門ファンドに投資することによりそれぞれの専門家に投資を任せ、リスク分散を更に徹底できる、としている[255]。しかも投資対象が 100% 他のファンドの投資持分なので、ファンドの管理が容易である、ことが挙げられる。通常のファンドは受託銀行が有価証券や不動産などを管理していたが、このファンドでは投資信託財産 (Investmentfonds-Vermögen) の取得対象は他のファンドの持分なので、管理が非常に容易でコストも安い。さらに他の持分から収益があがる際に既に税金を支払っているので、ファンド持分者からすると税法上最良の (optimal) 形態である、とされる。

　またリスク分散の観点から、他のファンド財産の 10% 以上の発行済持分を取得することは禁止されており、同様に投資信託持分財産の 5% 以上同一のファンドの持分を取得することは払戻の目的以外制限されており、20% 以上同一のファンドの持分を取得することはいかなる場合も認められていない[256]。

　他のファンドの持分に投資するという投資信託ファンドは、その点では高齢化対策特別ファンドと類似する。しかしながら投資家を限定している点、投資期間が非常に長い点、目的が明確である点等で相違がみられる。以上のように投資信託ファンドは、様々な利点があるファンドであると指摘されているが、私見ではファンドのファ

---

255) Vgl. BVI *Investment*, 1998, S.31-32.
256) KAGG Artikel 27 1, Abs(2)-(3).

終　章　ユーロ導入とドイツ投資信託の展開

ンドをあまり広範に認めると資本の空洞化を招くおそれがある[257]。この点は留意されるべきである。

（4）　会社型投資信託

また1998年改正では、投資会社法51条以下に投資株式会社（Investmentaktiengesellschaften）に関する規定が新設された。これはいわゆるクローズド・エンド型の会社型投資信託である。株式会社型を強制されており（KAGG51条2項1文）、情報の開示義務を負っている（KAGG61条以下参照）。会社型投資信託は周知のように投資家が株主となり情報開示の請求権がある。また投資家は運用方針にも株主総会を通じて参画することが出来る。

しかしクローズド・エンド型であるが故に、第2次市場の創設が不可欠である。会社型投資信託であるので投資家が持分を換金するためには、ファンド財産による買取ではなく他の投資家に転売しなければならない。第2次市場の創設・充実が急務である。会社型投資信託の創設はこれまで契約型投資信託が原則であったドイツ市場において大きな変革である。これにより全てのファンドが会社型になるとは考えにくいが、これからの統一EU市場において外国金融機関と競走するために、また開かれた市場にするために必要不可欠な改正であったと評価できる。

---

[257]　この点に関しては、拙稿「ドイツにおける外国投資持分（Ausländischeinvestmentanteile）販売及び外国投資会社法の制定について——IOS事件を中心として」『一橋研究』20巻2号95～114頁参照のこと。

3 ドイツ投資信託の将来

　周知のように1999年1月1日から、欧州通貨がユーロに統一され、2002年1月1日からはすべてのEU（EG）参加国においてユーロが法貨として通用するようになる。またユーロの通貨が発行され、2002年7月1日からはすべての支払いがユーロ建てで行われるようになる。投資会社法の中でも、1999年1月1日からの変更点がみられる。たとえばKAGG 9 b 条1項では、投資会社が保有する担保としての有価証券の条件が、「ブンデスバンク（Bundes bank）にロンバート取引を許されている債務証券、またはEU加盟国の証券取引所の上場されている株式」となっていたのが、「欧州中央銀行による信用システム」または「ブンデスバンクによる保証を受けている債務証券」となった。

　このような状況の中で、ドイツ投資信託もユーロに対する対応を進めている。今回の第3次資本市場振興法は、ドイツ投資信託が統一市場でイニシアティブを採るために必要不可欠な変革を目的としたものである。本書で触れていない点を挙げると、有価証券特別財産の取得対象にスワップ（KAGG 8 k 条）や株式インデックスに関するデリバティブ（KAGG 8 g 条）及び金利に関するデリバティブ（KAGG 8 h 条）等が取得対象となり、大幅に規制緩和された。逆に言うとそれだけリスクが高まったといえるが、いずれにせよ統一ユーロ市場においては、規制緩和が不可欠である。まさに命運をかけた規制緩和といえよう。本章では主に第3次資本市場振興法により、規制緩和及び高齢化対策のために、組成が認められたファンド

終　章　ユーロ導入とドイツ投資信託の展開
を検討してきた。我が国でも高齢化が急速な勢いで進展し、年金財政の悪化が指摘されている中で、ドイツの高齢化対策ファンドは、この点でも検討に値しよう。今後の進展に注目すべきである。

〈初出一覧〉

第1章 銀行業務と投資信託業務の利益相反問題
　　　　→「ドイツにおける銀行業務と投資信託業務の利益相反について」
　　　　『証券研究』110巻257～279頁（1994年）

第2章 投資顧問業と私募投資信託
　　　　→　書き下ろし

第3章 非公開会社（ベンチャー企業など）の新たな資金調達
　　　　→「非公開会社における新たな資金調達の可能性について
　　　　　―ドイツにおける参加持分投資信託ファンド（Beteiligungsfonds）を中心として」
　　　　『信託』181号14～29頁（1995年）

第4章 不動産共同投資と投資家保護
　　　　→「不動産共同投資と投資信託
　　　　　―ドイツの不動産ファンドを中心として―」
　　　　『信託法研究』22号21～47頁（1998年）

第5章 外国投資持分販売と投資詐欺について
　　　　→「ドイツにおける外国投資持分（Ausländische-investmentanteile）販売及び外国投資会社法の制定について」
　　　　『一橋研究』20巻2号93～113頁（1995年）

終　章 ユーロ導入とドイツ投資信託の展開
　　　　―第3次資本市場振興法による投資信託の改革と将来―
　　　　→　書き下ろし

〈その他引用論文〉
　　　　「ドイツ灰色資本市場における投資仲介者の法的責任について
　　　　　―公開有限合資会社（Publikums-GmbH & Co. KG）に対する個人投資家による資本投資と投資家保護―」
　　　　　『一橋論叢』116巻1号82～101頁（1996年）

　　　　「ドイツにおける投資信託の法制度上の特徴
　　　　　―利益相反問題を中心として―」
　　　　　『証券経済学会年報』31号75～83頁（1996年）

　　　　「ドイツ投資会社法、ドイツ外国投資会社法」〔翻訳〕
　　　　　『証券研究』110巻281頁（1994年）

　　　　「金融機関の説明義務に関する一考察」
　　　　　『法政理論』30巻3号109～222頁（1998年）

　　　　「ユーロ導入とドイツの投資信託
　　　　　――第3次資本市場振興法による投資信託の改革」
　　　　EU通貨統合と証券市場研究会編『ユーロ導入と金融・証券市場』（日本証券経済研究所、1995年5月）220頁以下

事項索引

あ行

IOS (Investors Overseas Service)
　　　　　　　　　　……………106

か行

会社型投資信託 ……………145
外国投資会社法 ……………126
外国投資信託 ………………127
外国投資持分 ………………127
企業参加会社 …………………65
企業参加会社法 ………………66
危険分配の法則 ………………14
共算的消費貸借 ………………76
金融市場ファンド …………137
クローズド・エンド ………43
契約型投資信託 ………………5
公開ファンド …………7、42
公開不動産ファンド …………85
高齢化対策特別財産 ………142
高齢化対策ファンド ………141

さ行

参加特別財産 …………………56
参加持分投資信託ファンド…56
資本参加会社 …………………65
資本参加 ………………………65
私募投資信託 …………………32
商品ファンド法 ………………84
受益証券 ………………………6
受託銀行 ………………………5
人的会社 ………………………55
スペシャル・ファンド ……33
専門家委員会 …………………88

た行

第3次資本市場振興法 ……136
第2次財産参加法 ……………65
第2次資本市場振興法 ……136
デスパファンド (Despafond) 85
投資会社 ………………………1
投資会社法 ……………………5

151

投資顧問業 …………………31
投資信託ファンド …104、143
特定債権法 …………………84
特別財産 ……………………5
匿名組合 ……………………59
匿名参加持分 ………………59

な 行

荷受理論 ……………………34
二層論 ………………………74

は 行

灰色の資本市場 ……………106
販売目論見書 ………………130
パブリック・ファンド
　→ 公開ファンド
被参加企業 …………………62
ファンド・ガバナンス ……102
不動産特定共同事業法 ……94

不動産特別財産 ……………87
ベンチャー・キャピタル会社
　………………………………65
ベンチャー・キャピタル・ファ
　ンド ………………………56

ま 行

目論見書 ……………………133
持分証券 ……………………5

や 行

有価証券特別財産 …………6
有価証券・不動産混合ファンド
　………………………………7
ユニバーサル・バンク ……1

ら 行

利益相反 ……………………1

〈著者紹介〉

山田剛志（やまだ つよし）

1989年3月	新潟大学法学部法学科卒業
1989年4月	株式会社第四銀行入行
1991年1月	同退職
1991年4月	新潟大学大学院法学研究科修士課程入学
1993年3月	同修了（法学修士）
1993年4月	一橋大学法学研究科博士後期課程入学
1996年3月	同単位取得
1996年4月	新潟大学法学部助教授

　　～現在に至る

金融の証券化と投資家保護

2000年（平成12年）8月28日　第1版第1刷発行

著　者　　山　田　剛　志

発行者　　今　井　　　貴

発行所　　信山社出版株式会社
〒113-0033 東京都文京区本郷6-2-9-102
電　話　03（3818）1019
ＦＡＸ　03（3818）0344

製　作　　株式会社　信　山　社

Printed in Japan

©山田剛志、2000．印刷・製本／共立プリント・大三製本
ISBN4-7972-3300-1 C3332
NDC分類コード330.001
0119＝012-100-010

平 12.8.28 KP

———— 信 山 社 ————

陳　晋 著
中国乗用車企業の成長戦略　8,000 円
李　春利 著
現代中国の自動車産業　5,000 円
張　紀南 著
戦後日本の産業発展構造　5,000 円
梁　文秀 著
北朝鮮経済論　予6,000 円
山岡茂樹 著
ディーゼル技術史の曲がりかど
　　　　　　　　　　3,700 円
坂本秀夫 著
現代日本の中小商業問題　3,429 円
坂本秀夫 著
現代マーケティング概論　3,600 円
寺岡　寛 著
アメリカ中小企業論　2,800 円
寺岡　寛 著
アメリカ中小企業政策　4,800 円
山崎　怜 著
〈安価な政府〉の基本構造　4,635 円
　R. ヒュディック 著　小森光夫他 訳
ガットと途上国　3,605 円
大野正道 著
企業継承法の研究　16,000 円
菅原菊志 著
企業法発展論　20,000 円
多田道太郎・武者小路公秀・赤木須留喜 著
共同研究の知恵　1,545 円
吉川惠章 著
金属資源を世界に求めて　2,369 円
吉尾匡三 著
金　融　論　5,980 円
中村静治 著
経済学者の任務　3,500 円
中村静治 著
現代の技術革命　8,500 円

千葉芳雄 著
交通要論　2,060 円
佐藤　忍 著
国際労働力移動研究序説　3,080 円
辻　唯之 著
戦後香川の農業と漁業　4,635 円
山口博幸 著
戦略的人間資源管理の組織論的研
究　6,180 円
西村将晃 著
即答工学簿記　3,980 円
西村将晃 著
即答簿記会計（上・下）　9,940 円
　K. マルクス 著　牧野紀之 訳
対訳・初版資本論第1章及び附録
　　　　　　　　　　6,180 円
牧瀬義博 著
通貨の法律原理　49,440 円
李　圭洙 著
近代朝鮮における植民地地主制と
　農民運動　12,000 円
李　圭洙 著
米ソの朝鮮占領政策と南北分断
　体制の形成過程　12,000 円
宮川知法 著
債務者更生法構想・総論　15,000 円
宮川知法 著
消費者更生の法理論　6,800 円
宮川知法 著
破産法論集　10,000 円
小石原尉郎 著
障害差別禁止の法理論　10,000 円

信山社
〒 113-0033　文京区本郷 6-2-9-102
TEL 03 (3818) 1019　FAX 03 (3818) 0344
order@shinzansha.co.jp